मैं गीतों की जादूगरनी

(गीत-संग्रह)

AF529585

शैलजा सिंह

डायमंड बुक्स

www.diamondbooks.in

प्रकाशक : डायमंड पॉकेट बुक्स (प्रा.) लि.
X-30 ओखला इंडस्ट्रियल एरिया, फेस - II
नई दिल्ली- 110020
फोन : 011-40712200
ई-मेल : wecare@diamondbooks.in
वेबसाइट : www.diamondbooks.in
संस्करण : 2025
मुद्रक : रेप्रो (इंडिया)

MAIN GEETON KI JADUGARNI (Geet Sangrah)
by *Dr. Shailja Singh*

समर्पित

माँ डाँ. तारा सिंह अंशुल और
सासू माँ कांति देवी सिंह के नाम

भूमिका

संवेदनाओं का सौंदर्य जगाते गीत

बचपन प्रेम प्रकृति है जो मानव के स्वभाव में सदा समाहित है, प्रेम जीवन का मूल है बीज है, इसके बिना संपूर्ण ब्रह्मांड का अस्तित्व ही नहीं है। ब्रह्मांड की प्रत्येक वस्तु कार्य कारण के संबंध से बँधी है, इसीलिए प्रेम 'स्वचालित' है तभी तो जीवन को संचालित करता है। प्रेम अनादि है, गतिशील है, यह मानव मन की चेतना में अंतश्चेतना व अवचेतन के रूप में विद्यमान रहकर 'स्व' से 'समाधि' तक की यात्रा करता है। पंचभूतों से अनुप्राणित इस देह में 'प्रेम' आत्मा बनकर धड़कता है, इस आत्मा का 'एकाकीपन' ही उसकी एकाग्रता है। इस एकाग्रता में वह जितना उलझता है उतना सुलझता भी है। प्रेम संवेदनाओं का पुंज है, प्रेम की सुगंध शब्दातीत है, प्रेम अनुभवजन्य है। कवि या गीतकार की सर्जना शक्ति ही उसे शब्दों में पिरोती है, बाँधती है, एक आकार देती है। वह आकार ही साहित्य की विधा बन जाती है जिसे साहित्याकारों ने गीत, ग़ज़ल, कविता, मुक्तक, क्षणिकाएँ, हंसिकाएँ, आदि-आदि की संज्ञा से विभूषित किया है।

साहित्य की सभी विधाओं पर दृष्टिपात कर हम पाते हैं कि गीत सृष्टि की प्राचीनतम विधा है। गीत की 'गेयता' ही इसकी विशेषता है। प्रकृति मानव की केवल सहचरी ही नहीं बनी वह इसकी 'गुरु' भी है। प्रकृति से निसक्त प्रत्येक ध्वनि को मानव ने आत्मसात किया, उसकी 'रिदम' यानी लयबद्धता को जाना, उसके नादत्व को पहचाना, उसे गुनगुनाया, यह गुनगुनाना ही 'गीत' बन गया। प्रकृति का लालित्य मानव के मन में समा गया और उसका गुनगुनाना "मानव राग" बन गया। गाँव से लेकर शहर तक, जंगल से लेकर पहाड़ तक, निर्झर नदियों से लेकर सागर तक, पंछियों की विविध प्रकार की बोलियों तक ने इसके

हृदय की भावनाओं का पोषण ही नहीं किया वरन् इसे अपने साथ गुनगुनाने को मजबूर कर दिया। मानव की चेतना में प्रकृति की ये ध्वनियाँ इस कदर समाहित हो गई कि स्वयं स्वर फूटने लगे। प्रकृति से इसका रागात्मक संबंध स्थापित हो गया। विचार, भाव, अनुभूति कल्पना का सहारा पाकर विविध रूपों में अभिव्यक्त होने लगे। वह दृश्य को हृदयमान और अव्यक्त को व्यक्त करने लगा। गीत रूपी वृक्ष की शीतल छाँह में बैठकर मन का यात्री विश्राम पाने लगा, इस मन के यात्री ने स्वयं तो विश्राम पाया ही, सुनने वाले के मन को भी शांति प्रदान कर उससे एक रागात्मक संबंध स्थापित कर लिया।

"मैं गीतों की जादूगरनी" गीत संग्रह की रचयिता शैलजा सिंह के गीत सभी संगीतात्मक के साथ-साथ बहुत ही सरल व सहज हैं। साहित्य मर्मज्ञ स्वर्गीय केदारनाथ सिंह कहते हैं- "गीत कविता का अत्यंत निजी स्वर है। गीत सहज सीधा-साधा अकृत्रिम होता है। मैं गीतों की जादूगरनी सहज है। मैंने शैलजा के काव्य पाठ का माधुर्य देखा है, उनकी रचनाधर्मिता देखी है, पुस्तक की पाण्डुलिपि हाथ में आते ही उधेड़बुन में आ गई कि शैलजा के व्यक्तित्व का विस्तार दूँ या कृतित्व को। गीत संग्रह का शुभारंभ ही माँ बागेश्वरी की वंदना जिसमें वह चाहती है कि समाज 'धवलमना' हो जाए से हुआ है :–

युद्ध रुके जल थल नभ में बस शांति विश्व में फैले
तुझ-सा धवलमना हो सारे तजें आचरण मैले

कवयित्री शैलजा के अधिकांश गीत प्रेम के विविध रूपों को हमारे समक्ष रखते हैं। उनके गीतों की भावप्रवणता अनूठी है, कहती हैं :–

मीठे-मीठे आभासों को साथ गुज़ारा है
पास हमारे प्रेम पलों का एक पिटारा है

"एक पिटारा" शब्द की व्यंजना ही उनके प्रेम की अनेकानेक भावों को अभिव्यक्ति देती है। क्योंकि 'पिटारे' में एक नहीं अनेक वस्तुएँ संग्रहीत रहती हैं, ऐसे ही इनके पास प्रेम के अनेक भाव हैं - प्रेम में प्रिय और प्रेयसी का आपसी सामंजस्य का होना, प्रेम के ताने-बाने को साथ-साथ बुनना, आग का दरिया पार कर इश्क का परचम लहराना, साँसों को महका कर प्रेम के द्वार खोलना ही अंतश्चेतना का सत्यम शिवम सुंदरम है।

कवयित्री का प्रेम सात्विकता से पूर्ण है :-

हाथ पकड़ा है मेरा
छूटना अब नहीं चाहिए
बन्ध पूजा के धागों का ये
टूटना अब नहीं चाहिए

यही भारतीयता है, नारी मन सदैव एक को ही समर्पित होता है, न वह डगमगाता है, न रूकता है, न झुकता है, उसकी तो अभिलाषा है कि

कोई ग़म ना तुझको छू सके
तुझे वो खुशी दूँ प्यार दूँ
आ, नज़र मैं तेरी उतार दूँ

क्योंकि प्रीत में न 'रार' है न 'तकरार' है, न नखरे हैं, एक और अभिलाषा का गीत देखिए

दूर करें हम अँधियारे को किसी दीप-सा जलकर देखें
साथ चले ना चले कोई पर चार क़दम हम चलकर देखें

कवयित्री शैलजा सिंह के द्वारा रचे गीत उनके व्यक्तित्व का आईना हैं जहाँ केवल प्रेम की छलकन है, भावों की गहराई है, अनुभूति की अभिव्यक्ति या उनकी एकरूपता ही उनके गीत की विशेषता है।

जैसा कि मैंने पहले भी कहा है कि प्रेम 'स्व' से 'समष्टि' तक की यात्रा करता है। कवयित्री भी अपने बचपन, गाँव के साथ-साथ पर्यावरण, प्रकृति तक को अपने गीतों में संपूर्ण सौंदर्य के साथ उतारती हैं - बचपन का एक चित्र दृष्टव्य है :–

इतना पानी, कितना पानी, घग्गो रानी घग्गो रानी
खेलने वाली अब वो लड़की, देखो तो हो गई सयानी

यहाँ से 'सयानी' होती हुई घग्गो रानी का बदलता स्वरूप समय के साथ परिलक्षित है :-

पिज़्ज़ा, बर्गर, मैगी खस्ता
कॉपी, क़लम, किताबें, बस्ता
छूट गई सब कारस्तानी
देखो अब हो गई सयानी

पर घग्गो रानी कितनी भी सयानी हो जाएँ, माँ को भला कैसे भूले? माँ के रूप को दर्शाती कुछ पंक्तियाँ :–

पहला पाठ पढ़ाती है माँ, जीवन आस जगाती है माँ
किस अक्षर से क्या बनता है, पुस्तक खोल सिखाती है माँ

और

खारे आँसू चुप-चुप पीती, फटी हुई हर चादर सीती,
कोई नहीं जान यह पाता , कब वह मरती, कब वह जीती

एक बेटी ही माँ के दर्द को जान सकती है। उसे पता है कि समय परिवर्तनशील है सदैव एक समान नहीं रहता, बस 'माँ' में ही रूप नहीं बदलता। गाँव शहर बन जाते हैं रिश्ते नाते बदल जाते हैं।

चिड़िया के माध्यम से शैलजा सिंह कहती हैं :-

गर्मी से कैसे बचना है, सर्दी से कैसे
आँधी से ऐसे बचना है बरखा में ऐसे

x x x

एक-एक कर सारे गुण सिखलाती चिड़िया
बढ़ते बच्चों को अपने दुलराती चिड़िया

कवयित्री ने इतनी कम उम्र में जीवन के विविध रूपों को केवल देखा ही नहीं है, उन्हें जाना, उन्हें माना और उनसे सीखा भी है। प्रकृति के विविध रूपों को अपने गीतों में कुछ यूँ उतारा है :-

काश! ठंडी छाँव दिख जाए, इस शहर में गाँव दिख जाए!

x x x

नुच न जाए तितलियों के पर
हों सुरक्षित पंछियों के घर
कोयलों की कूक के सँग सँग,
काग की भी काँव दिख जाए

दूसरा दृश्य

शहरों का एकाकीपन
जाने कितना खलता है
आँखों में झिलमिल- झिलमिल
सपना कोई पलता है
ढूँढ रहे हैं हम सुख की छाँव
नदी किनारे वाला गाँव।

आज का यथार्थ यही है कि अब गाँव केवल स्वप्न में हैं, गाँवों का भी शहरीकरण हो गया है

हम वहाँ थे अब यहाँ आ गए
छोड़कर वो हँसी, आशियाँ आ गए"

समय का पहिया गतिमान है :-

'कहीं गुम हो गया बचपन से', चलते-चलते वह अचानक कह उठती है :-

अक्कड़ बक्कड़ बम्बे बोल, यह दुनिया है गोल मटोल
ना मानो तो पढ़कर देखो जीवन का भूगोल

इस भूगोल में जीवन का अन्तः - बाह्य सब एकाकार हो जाता है। कवयित्री का मन केवल मानव प्रेम तक ही सीमित नहीं है, उसमें बदलते हुए पर्यावरण, पशु-पक्षी, नदी-नाले सभी समाहित हैं।

नदी के संबंध में उनकी पंक्तियाँ :-

कलकल नदिया बहती है,
यह हमसे कुछ कहती है
पाना है तुझको यदि मंजिल
मत होना पल भर को बोझिल
आगे बढ़ते रहना पथ पर
साथ निभाएँगे ये साहिल

तो सागर के संबंध में कवयित्री का कथन है :-

सागर कितना भी खारा है फिर भी नदियों को प्यारा है
इसमें ही जाकर तो मिलती हर इक नदी की धारा है

नदी व सागर के माध्यम से वे हारे हुए जीवन को दिशा देती हैं, जीवन संघर्ष का नाम है, चलना ही जीवन है और सागर से मिलना इस ब्रह्म से मिलना है, जिसका वह अंश है। बूँद, नदी, बादल, सभी पानी है। सब में वही तत्त्व है जैसे आत्मा में परमात्मा है। अपने प्रियतम से मिलने के लिए नदी, पर्वत, घाटी, जंगल, मैदान, गुफाओं को पार करती हुई अपने अस्तित्व को सागर में समाहित करने के लिए व्याकुल है। गीत में एकाग्रता व एकांतिकता का सौंदर्य अनुपम है।

कवि समाज का चक्षु है। वह जो कुछ भी समझ में घटित होता है उसे केवल देखता ही नहीं है उसे अपने हृदय में आलोकित करता है, मथता है तब वह जीत की सर्जना करता है। कवयित्री शैलजा सिंह भी इससे अछूती नहीं है। वह अपना दाना अपने समाज से ही चुनती है तभी तो कह उठती हैं :-

धूल, धुआँ धूसरित धरा है, ज़हर घुला हर श्वाँस में
नहीं दिखाई देते पक्षी अब नीले आकाश में

इनका कहना है कि पर्यावरण बचाएँगे तो कोयल की कुहू भी सुनेंगे, अमिया भी बौराएगी, फूल भी खिलेंगे, महकेंगे और वर्षा भी होगी।

पर्यावरण बचाने हेतु हमारे पूर्वजों ने पीपल, बरगद, नदी, सभी को पूजनीय बना दिया :-

पर्वत, सागर, पेड़ यहाँ सब नदियों को पूजा जाता है
हम भारत के लोग हैं हर एक दिल से हमारा नाता है

हम भारत के लोग कहकर संपूर्ण भारत की समस्त संस्कृति का जय घोष कर दिया है, हम एक में अनेक नहीं वरन् अनेक में एक हैं।

वहीं 'आदिवासी' क्षेत्र व उसकी भावनाएँ भी उनकी दृष्टि से ओझल नहीं हैं। वह कह उठती हैं :-

नदियों के सँग-सँग जीते हैं, पेड़ों के सँग-सँग बढ़ते हैं
आदिवासी हैं, जल, ज़मीन, जंगल की ख़ातिर लड़ते हैं

कवयित्री शैलजा सिंह के गीत संग्रह "मैं गीतों की जादूगरनी" वास्तव में इस शीर्षक के लिए उपयुक्त है। यह जादूगरनी प्रेम की बातें करते-करते कभी बदरा से बातें करती है :-

पीहू पीहू करे पपीहा
पी की जी में याद जगे
धकधक-धकधक इस सीने में
मस्त राग मल्हार उठे
मेरी बिरहा की अग्नि को बरस-बरस तरसाओ ना।

वे कभी ऋतुओं के राजा को आमंत्रित करती हैं, कभी मौसम को बावरा बताती हैं, कभी यादों को सिरहाने रखती हैं, कभी मौसम को रसिया मान उसका मानवीकरण करती हैं। प्रेम के विविधवर्णी रूपों का चित्रण इनके हृदय की निश्चल भावनाओं को शब्दों में रूपायित करता है। वे स्वयं लिखती हैं :-

मेरे गीतों के जितने भी मुखड़े हैं
ये सब मेरे टूटे दिल के टुकड़े हैं

यह एहसास की पराकाष्ठा है, जो सदैव पर्वत जैसे दुख झेलता है। झंझावातों को सहता है, पर हार नहीं मानता, यह कवयित्री शैलजा सिंह का व्यक्तित्व है। प्रत्येक गीत की भाषा माधुर्य व प्रसाद गुण से ओतप्रोत है। 'स्व' से 'समष्टि' तक की यात्रा कराते हुए इस संग्रह के गीत अनूठे हैं :-

लगा कटीले जंगल में फिर सोई हूँ
बहुत दिनों के बाद मैं जी भर रोई हूँ
माटी की गुड़िया आटे की लोई हूँ

नारी जीवन की विडंबना को ध्वनित करता हुआ यह गीत विशिष्ट है। "मुट्ठियों से रेत की मानिंद" गीत भारतीय संस्कृति को परिभाषित करता है, तो "कहाँ सभी से मन मिलता है" आज के सामाजिक जीवन को उजागर करता है। विविध विषयाओं पर सशक्त गीत और उन गीतों की एकाग्रता, शब्द संयोजन, बिम्ब विधान, सभी में कवयित्री का भाव विधान इतना संश्लिष्ट है कि हर गीत संयमित साधु-सा प्रतीत होता है।

गीत संग्रह का शीर्षक कवयित्री के प्रस्तुत गीत "जादूगरानी हूँ मैं जादू टोना कर दूँगी" पर ही रखा गया है। यह गीत उनकी पहचान है, कवयित्री स्वयं संगीतकार भी हैं, अतः उनके गीत नादत्व बोध का भी परिचय देते हैं, तुकांत

बहुत ही सुंदर हैं। भावनाओं का प्रबल आवेग है, पर आशावादिता का भी निर्वहन है।

महीयसी महादेवी वर्मा कहती हैं, "वास्तव में गीत के कवि को आर्तक्रंदन के पीछे छुपे हुए दुखातिरेक को दीर्घ निःश्वास में बंधे हुए संयम से बाँधना होगा, तभी उसका गीत दूसरे के हृदय में इसी भाव का उद्रेक करने में सफल हो सकेगा।"

कवयित्री शैलजा सिंह के गीत महीयसी महादेवी वर्मा के द्वारा दी गई परिभाषा पर खरे उतरते हैं। अतः मैं "मैं गीतों की जादूगरनी" गीत संग्रह की रचयिता को साधुवाद देते हुए आशा करती हूँ कि इस संग्रह के गीत पाठको के कंठ का हार बनेंगे। यह अल्फ़ाज़ के पंछी बड़ी दूर तक जाएँगे।

आशीर्वाद सहित

-डॉ. रमा सिंह
वरिष्ठ कवयित्री एवं साहित्यकार
मो. : 9810636121

अपने दिल की बात

अपना पहला गीत-संग्रह - 'मैं गीतों की जादूगरनी' आपके हाथों में सौंप रही हूँ। यह मेरे जीवन की आंशिक पूँजी है।

जब स्वयं के बारे में लिखना होता है तो समझ नहीं आता बात कहाँ से शुरू की जाए। जीवन विविधताओं का संगम है। समय के घुमाव में जिन-जिन रास्तों को पार किया, उनको गीतों में बुना। 'मैं गीतों की जादूगरनी' में प्रस्तुत सारे गीत मेरे मन के भावों के गान हैं। कोई भी कवि साहित्यकार 'स्वांतः सुखाय' के लिए ज़रूर लिखता है पर उसके हार्दिक इच्छा यही रहती है कि उसका लिखा हुआ कोई पढ़े; सुनाया हुआ कोई सुने।

बचपन की ओर मुड़ती हूँ तो अपनी माँ, डॉ. तारा सिंह के साहित्य प्रेम से बहुत प्रभावित रही। अपनी माँ की छत्र-छाया में मुझे काव्य की प्रेरणा मिली। मेरा बाल अबोधमन कुछ तुकबंदियाँ करता तो मेरी माँ हमेशा मेरा साहस बढ़ाती। मैं इसे ईश्वरीय वरदान मानती हूँ कि कोई भी गीत की लाइन आती है तो साथ में उसकी धुन भी ख़ुद-ब-ख़ुद आती है। मुझे इसके लिए कोई विशेष प्रयास या श्रम नहीं करना पड़ता।

किशोरावस्था में कई बार कुछ कविताएँ या मन की अनुभूतियाँ अंतर्देशीय पत्र में लिख कर भगवान के नाम से पोस्ट में डाल देती थी। नहीं पता वो सारी चिट्ठियाँ कहाँ गई होंगी... पर शायद जिसको भी मिली होंगी उसने भी मुझे अपने आशीर्वाद से सिंचित किया होगा।

अपने बड़े भाई श्री आलोक सिंह जी को आदर पूर्वक आभार जो अक्सर मेरे गीतों के पहले श्रोता होते हैं और बड़ी तन्मयता के साथ मुझे सुनते और सराहते हैं। मुझे प्रेम , प्रकृति , समाज की विसंगतियों विद्रूपताओं पर लिखना बेहद पसंद है।

इस पुस्तक में मेरे बहुत से गीत शादी के पहले के हैं और अधिकांश गीत शादी के बाद के। लड़कियों का जीवन कैसे बदलता है वो मैंने बारीकी से महसूस किया है। अदृश्य-सदृश्य जिम्मेदारियों को निभाते हुए अपनी साहित्य के

प्रति भी अपने समर्पण को कम नहीं होने दिया।

आदर भरा आभार अपनी सासू माँ के प्रति भी व्यक्त करना चाहूँगी। माँ को जब भी मैं अपनी कविताएँ-गीत सुनाती हूँ, वो तुरंत खिड़की दरवाज़े खोल देतीं हैं ताकि अड़ोसी-पड़ोसी भी उनकी बेटी के गीत और आवाज़ सुनें। मैं ऐसे निश्छल प्रेम के प्रति कृतज्ञ हो जाती हूँ।

मैं हृदय से आभारी हूँ अपने बीएसएफ अधिकारी पतिदेव की भी, जोकि सरहद पर तैनात होकर देश की सेवा में रत हैं। उन्होंने मेरे जीवन की दूसरी पारी में बख़ूबी मेरा साथ दिया। उनके सहयोग के बिना साहित्य के क्षेत्र में मेरा सक्रिय रहना नामुमकिन था।

साथ ही आभारी हूँ देश के तमाम कवि, लेखक, साहित्यकार और समाज के बुद्धिजीवी और संवेदनशील लोगों की, जिन्होंने मेरी लेखनी को सदैव प्रोत्साहित किया और साहित्य में मुझे बेहतर करने की प्रेरणा दी।

बहुत सारा प्यार भरा आभार अपने दोनों नन्हें बच्चों, इशिता और नृपेश का भी। जब भी मेरे भीतर गीत का कोई स्वर फूटने लगता और मैं उनसे कहती कि बेटा मुझे गीत लिखना है, मुझे आप परेशान मत करना तो दोनों बच्चे एक स्वर में कहते - "ठीक है माँ, आप लिख लो फिर हमें भी सुनाना।" उनके संवेदनशील मन को देखते हुए मुझे यही लगता कि सबसे बड़ा सृजन तो मेरे ये दोनों बच्चे भी हैं।

जहाँ तक इस गीत संग्रह की बात है तो मेरे इस प्रयास को प्रख्यात साहित्यकार और दोहों के 'आधुनिक कबीर' श्री नरेश शांडिल्य जी ने अपना मार्गदर्शन ही नहीं अपितु अपना आशीर्वाद भी प्रदान किया है। देश के प्रतिष्ठित प्रकाशक 'डायमंड बुक्स' के संचालक श्री नरेन्द्र वर्मा जी से भेंट करवा कर उन्होंने ही यह सुनिश्चित किया कि यह संग्रह वहीं से प्रकाशित हो। उनके इस आत्मीय स्नेह के लिए मैं उनकी हृदय से आभारी रहूँगी।

अब मेरे गीतों की यह पहली पुस्तक - 'मैं गीतों की जादूगरनी' आपके हाथों में है। इन गीतों पर आप सभी सुधी पाठकों की स्वस्थ आलोचना ही अब मुझे आगे का रास्ता दिखाएगी। मुझे आपकी प्रतिक्रियाओं की निरंतर प्रतीक्षा रहेगी ताकि मैं अपने लेखन को और अधिक निखार सकूँ।

तेरा तुझको अर्पण क्या लागे मेरा...

शुभमस्तु !

- शैलजा सिंह

अनुक्रम

1.

सरस्वती वन्दना

बैठी फूलों में लगा के दरबार, करूँ मैं तेरी वंदना
तू ही बुद्धि का औ' ज्ञान का आगार, करूँ मैं तेरी वंदना

इस धरती पर ज्ञान ही है जो, शुद्ध हमें है करता
कितना भी हो गहन अँधेरा, वो प्रकाश से डरता
सरस्वती माँ फैला दे उजियार, करूँ मैं तेरी वंदना

नीर-क्षीर सा दे विवेक, हमको भी वीणापाणी
न्यायप्रिय हों हम सब माता, वर दे हे कल्याणी
कर दे सपना हमारा साकार, करूँ मैं तेरी वंदना

युद्ध रुके जल-थल-नभ में सब, शान्ति विश्व में फैले
तुझ-सा धवलमना हों सारे, तजें आचरण मैले
सुन शारदे माँ करुण पुकार, करूँ मैं तेरी वंदना

*

2.

मीठे-मीठे आभासों को

मीठे-मीठे आभासों को, साथ गुज़ारा है
पास हमारे प्रेम-पलों का, एक पिटारा है

याद है हमको जिस दिन तुमसे, आँखें चार हुईं
सर पर अपने प्यार की हसरत, कई सवार हुईं
तब से ही इन आँखों में इक अलग नज़ारा है
मीठे-मीठे आभासों को, साथ गुज़ारा है

जब से हम पर तुमने अपना, प्यार उँड़ेला है
महका-महका इस तन-मन का, चम्पा-बेला है
नूर हमारे रूख़ पर तबसे, न्यारा-न्यारा है
मीठे-मीठे आभासों को, साथ गुज़ारा है

दिन हो चाहे रात हमारी, बस तुम ही तुम हो
मौन हो चाहे बात हमारी, बस तुम ही तुम हो
रोम-रोम तन-मन का हमने, तुम पर वारा है
मीठे-मीठे आभासों को, साथ गुज़ारा है

*

3.

जाने किसने खोल दिए प्रेम के ये द्वार

जाने किसने खोल दिए प्रेम के ये द्वार
साँस-साँस महक उठी बज उठे सितार

बहने लगा मादक-सा मस्त मलयानिल
मचल-मचल उछल-उछल जा रहा है दिल
किस तरह सँभालूँ मैं सीने का ज्वार
जाने किसने खोल दिए प्रेम के ये द्वार

सावन की याद जगी जियरा में आग लगी
ज़ख़्म लगे गदराने पीर उठी प्रेम-पगी
रग-रग को दुखा रही पुरवा की बयार
जाने किसने खोल दिए प्रेम के ये द्वार

ऐसे में दूर पिया कैसे पड़े चैन
तारों को गिन-गिन कर कैसे कटे रैन
प्रीतम तक जाए काश मन की ये पुकार
जाने किसने खोल दिए प्रेम के ये द्वार

*

4.

एक कहानी तुम, एक कहानी हम

एक कहानी तुम, एक कहानी हम

प्रेम में हम डूबे उतराएँ
इक दूजे में हम खो जाएँ
आसमान को छू लें आओ, भूल के सारे ग़म
एक कहानी तुम, एक कहानी हम

बुनो प्रेम का जब तुम ताना
बुनें प्यार का तब हम बाना
झीनी-झीनी बुनें चदरिया, कर के हर उद्यम
एक कहानी तुम, एक कहानी हम

दरिया आग का पार करें हम
जीवन ये साकार करें हम
फहराएँ हम फ़लक में ऊँचा इश्क़ का ये परचम
एक कहानी तुम, एक कहानी हम

*

5.

आ तेरी नज़र उतार दूँ

कोई ग़म कभी न छू सके, तुझे हर ख़ुशी मैं प्यार दूँ
आ तेरी नज़र उतार दूँ, मैं तेरी नज़र उतार दूँ

नन्हे पैरों से तुझे चोटियों पे चढ़ना है
समुंदरों में उतर कर भँवर से लड़ना है
डगमगाए न तूफ़ां में नैया तेरी, ऐसी खेने को पतवार दूँ
आ तेरी नज़र उतार दूँ, मैं तेरी नज़र उतार दूँ

जहाँ में झूठ के आगे कभी न झुकना पड़े
सच की राहों पे कभी भी तुझे न रुकना पड़े
तेरे रुक सके न क़दम कभी, ज्ञान का ऐसा भंडार दूँ
आ तेरी नज़र उतार दूँ, मैं तेरी नज़र उतार दूँ

तितलियाँ बनके जहाँ ख़ूब परियाँ आएँ
फूल महके हों जहाँ गीत भी चिड़ियाँ गाएँ
गा के लोरी सुलाए-जगाए तुझे, ऐसा सपनों का संसार दूँ
आ तेरी नज़र उतार दूँ, मैं तेरी नज़र उतार दूँ

कोई दुख पास ना आए कभी सपने में तेरे
मेरा जीवन मेरी दुनिया है तू ही लाल मेरे
बुरी तुझको लगे ना नज़र, ये दुआएँ मैं हर बार दूँ
आ तेरी नज़र उतार दूँ, मैं तेरी नज़र उतार दूँ

*

6.

हाथ पकड़ा है मेरा अगर

हाथ पकड़ा है मेरा अगर
छूटना अब नहीं चाहिए
बन्ध पूजा के धागों का ये
टूटना अब नहीं चाहिए

रूठना है तुम्हारी अदा
है मनाना भी फ़ितरत मेरी
सोचती हूँ मनाकर तुम्हें
रूठना अब नहीं चाहिए

मैं तुम्हारी नज़र में रहूँ
औ' नज़र में मेरी तुम रहो
नेह का जादुई बुलबुला
फूटना अब नहीं चाहिए

प्यार की हमको नेमत मिली
हम ख़ुदा का करें शुक्रिया
चैन अपना हमें ख़ुद-ब-ख़ुद
लूटना अब नहीं चाहिए

*

7.

सात सुरों के गीत नए मैं गढ़ती जाऊँगी

सात सुरों के गीत नये मैं गढ़ती जाऊँगी
प्रियतम तुझको अक्षर-अक्षर पढ़ती जाऊँगी

कठिन प्रेम की डगर है फिर भी मुझको चलना है
पथरीली राहों पर गिरना और संभालना है
राधा जैसी कान्हा की विरहा में जलना है
प्रेम बावरी मीरा के साँचे में ढलना है
हर ठोकर को मार के ठोकर बढ़ती जाऊँगी
प्रियतम तुझको अक्षर-अक्षर पढ़ती जाऊँगी

बाधाएँ कम कर पाएँगी कभी न हिम्मत मेरी
तेरे प्रेम का ही सम्बल है केवल ताक़त मेरी
है विश्वास मुझे रंग लाएगी यह मेहनत मेरी
तुझे पास ख़ुद ले आयेगी कभी मोहब्बत मेरी
बाधाओं के दरिया पर्वत चढ़ती जाऊँगी
प्रियतम तुझको अक्षर-अक्षर पढ़ती जाऊँगी

ईश्वर कभी नहीं रखता है मन की आस अधूरी
सच्ची लगन अगर हो तो निश्चित होती है पूरी
साहस के आगे नतमस्तक होती हर मजबूरी
चलते रहो निरंतर यदि तो कम हो जाती दूरी
बिसरी कृति पर नए आवरण मढ़ती जाऊँगी
प्रियतम तुझको अक्षर-अक्षर पढ़ती जाऊँगी

*

8.

देखो यह मौसम-ए-बहार पिया

देखो यह मौसम-ए-बहार पिया
करता संकेत बार-बार पिया
आओ ना प्यार करें प्यार पिया
प्यार करें प्यार करें प्यार पिया

बादल से बिजली की रसवंती बातें
उमड़-घुमड़ करते हैं रिमझिम बरसातें
करती है धरती श्रृंगार पिया
गाती है नदिया की धार पिया
आओ ना प्यार करें प्यार पिया
प्यार करें प्यार करें प्यार पिया

खेतों में उपवन में छितरी है हरियाली
बागों में कूक रही कोयलिया मतवाली
दादुर भी गा रहे मल्हार पिया
पंख रही मोरनी पसार पिया
आओ ना प्यार करें प्यार पिया
प्यार करें प्यार करें प्यार पिया

पुरवा संग मस्ती में झूम रहीं डालियाँ
इक दूजे के मुख को चूम रहीं बालियाँ
मन-पंछी करते मनुहार पिया
जोड़े हम दो दूनी चार पिया
आओ ना प्यार करें प्यार पिया
प्यार करें प्यार करें प्यार पिया

9.

वो उलझा के प्रश्नों के हल पूछता है

वो उलझा के प्रश्नों के हल पूछता है
इन आँखों में कितना है जल पूछता है

साँस के पुल बना कर गिराता है वो
जिस्म से अपने बाहर भी आता है वो
इन आँखों में इतना उजाला है कैसे
अँधेरों से बाहर निकल पूछता है
इन आँखों में कितना है जल पूछता है

रिश्ते बना झूठ ही बोलता है
इस तरह प्यार में वो नमक घोलता है
कोई ठोस उत्तर नहीं सूझता
वो हो कर के इतना तरल पूछता है
इन आँखों में कितना है जल पूछता है

छोड़ कर हाथ धीरे से वो बढ़ गया है
चाँद पर एक बादल ज़रा चढ़ गया है
हैलो दिल की बस्ती का मौसम है कैसा
मोबाइल से वो आजकल पूछता है
इन आँखों में कितना है जल पूछता है

*

10.
मेरे पास चले आना तुम

मेरे पास चले आना तुम, प्यार से जब मैं आवाज़ दूँ
मेरे पास चले आना तुम, प्यार से जब मैं आवाज़ दूँ

चाहे कितनी हो दुश्वारियाँ, चाहे जो भी हों मजबूरियाँ
टूट जाएँगी साँसें सनम, सह न पाएँगी अब दूरियाँ
प्यार की मेरे तुझको कसम, और ज़्यादा ना तड़पाना तुम
मेरे पास चले आना तुम, प्यार से जब मैं आवाज़ दूँ

बेतहाशा बढ़ीं धड़कनें, बेइरादा बढ़ीं उलझनें
कह रही हैं ये कुछ आपसे, ग़ौर से ध्यान देकर सुनें
मेरी पलकों को फिर नींद में, स्वप्न में अब न भरमाना तुम
मेरे पास चले आना तुम, प्यार से जब मैं आवाज़ दूँ

कोई भौंरा कली चूमकर, गुनगुनाने लगे झूम कर
फूल बन जाए कोई कली, कोई तितली उड़े मनचली
भीनी ख़ुशबू की मानिंद ही, धड़कनों में समा जाना तुम
मेरे पास चले आना तुम, प्यार से जब मैं आवाज़ दूँ

*

11.

एक वो हैं जो हमीं को भुलाए बैठे हैं

एक वो हैं जो हमीं को भुलाए बैठे हैं
एक हम हैं जो उनसे दिल लगाए बैठे हैं

एक वो वक़्त था जब हम पे फ़िदा रहते थे
एक पल को भी नहीं हम से जुदा रहते थे
अब न जाने क्यों ख़ुदी में समाए बैठे हैं
एक हम हैं जो उनसे दिल लगाए बैठे हैं

रात-दिन एक किए हैं उन्हीं की चाह में हम
ख़ुद को झुलसाए हुए हैं उन्हीं की दाह में हम
और वो हैं कि हम से मुँह बनाए बैठे हैं
एक हम हैं जो उनसे दिल लगाए बैठे हैं

मुँदी नज़र से भी देखा है प्यार को अपने
खुली नज़र में भी पाले हैं प्यार के सपने
हम तो बस प्यार की धूनी रमाए बैठे हैं
एक हम हैं जो उनसे दिल लगाए बैठे हैं

*

12.

कोई ग़म न तुझको छू सके

कोई ग़म न तुझको छू सके तुझे वो ख़ुशी दूँ, प्यार दूँ
आ नज़र मैं तेरी उतार दूँ आ नज़र मैं तेरी उतार दूँ

तू ही दिन मेरा, तू ही रात है, तू ही मौन है, तू ही बात है
तू बस एक बार नज़र तो कर ये जहान तुझपे मैं वार दूँ
कोई ग़म न तुझको छू सके तुझे वो ख़ुशी दूँ, प्यार दूँ

तू है मदभरे किसी गीत-सा, उर में बसे मनमीत-सा
जो कभी किसी को न मिल सका तुझे प्यार दूँ वो दुलार दूँ
कोई ग़म न तुझको छू सके तुझे वो ख़ुशी दूँ, प्यार दूँ

तू है साथ तो ये बहार है, रहे-ख़ार भी गुलज़ार है
मेरी चाह है तेरे साए में मैं तमाम उम्र गुज़ार दूँ
कोई ग़म न तुझको छू सके तुझे वो ख़ुशी दूँ, प्यार दूँ

*

13.

ए बदरा ! ओ कारे बदरा !!

ए बदरा! ओ कारे बदरा!! झूम-झूम कर आओ ना
रिमझिम-रिमझिम बरसो मुझ पर, मिलन के गीत सुनाओ ना

मैं विरहा में झुलस रही हूँ
पी मेरे परदेस बसे
मुझे मनाने, मुझे रिझाने
अब बाँहों में कौन कसे
कुम्हलाए मेरे तन-मन पर, उमड़-घुमड़ कर छाओ ना
ए बदरा ! ओ कारे बदरा !! झूम-झूम कर आओ ना

सूनी-सूनी इन आँखों में
अँज जाओ काजल बन के
सभी तार झंकृत कर दो अब
मेरे इस उदास मन के
ठहरे झूले पर बैठी हूँ इसकी पींग बढ़ाओ ना
ए बदरा ! ओ कारे बदरा !! झूम-झूम कर आओ ना

पीहू-पीहू करे पपीहा
पी की जी में याद जगे
धकधक-धकधक इस सीने में
मस्त राग - मल्हार उठे
मेरी विरहा की अग्नि को, बरस - बरस सरसाओ ना
ए बदरा! ओ कारे बदरा!! झूम-झूम कर आओ ना

*

14.

दूर है फिर भी मेरे संग में

दूर है फिर भी मेरे संग में
बसा हुआ तू अंग-अंग में

फूलों की ख़ुशबू में तू है, कोयल की कू-कू में तू है
सावन की रिमझिम बूँदों-सा, बरस रहा हरसू में तू है
तितली कलियों भौरों में तू
मुझे दिखे हर एक रंग में
बसा हुआ तू अंग-अंग में

सुबह दोपहर शाम लबों पर, तू ही आठों याम लबों पर
कभी नहीं इक पल को भूलूँ, तेरा हर दम नाम लबों पर
अलग नहीं हो पाँऊँ तुझ से
समा गया तू मन मलंग में
बसा हुआ तू अंग-अंग में

कठिन बड़ी ये प्रेम डगर है, चलना चार क़दम दूभर है
नहीं बचा वो कभी हुआ जो, एक इंच भी इधर-ऊधर है
सच्चा प्रेम नहीं हारा पर
इस दुनिया से कभी जंग में
बसा हुआ तू अंग-अंग में

*

15.

बारहमासा

तुमको बारहमासा मौसम का अनुपम शृंगार दे रही
आठों याम सरापा तुमको, प्रीतम! अपना प्यार दे रही

चैत, जेठ, कातिक या सावन
दरस तुम्हारा लगे सुहावन
सुबह-शाम, दिन-रात मुझे बस
तुम ही लगते हो मन भावन
आलिंगन को सदा तुम्हारे, मैं बाहों का हार दे रही
आठों याम सरापा तुमको, प्रीतम! अपना प्यार दे रही

दरपन को निहारती जब-जब
तुम ही तुम दिखते हो तब-तब
जब से तुम पर दिल को वारा
देख रही हूँ दिल के करतब
प्रिये! तुम्हारी दुनिया को मैं, अपना मन संसार दे रही
आठों याम सरापा तुमको, प्रीतम! अपना प्यार दे रही

उमड़-घुमड़ छाए हैं मेरे
गेसू श्याम घटाओं से
इंद्रधनुष दे रही तुम्हें मैं
जादू भरी छटाओं से
प्रणय निवेदन करती तुमसे, सतरंगी अभिसार दे रही
आठों याम सरापा तुमको, प्रीतम! अपना प्यार दे रही

*

16.

ओ ऋतुओं के राजा

ओ ऋतुओं के राजा, हौले-हौले अब तो आजा
धरती सोलह शृंगार कर रही
प्रियतम तेरा इन्तज़ार कर रही

सूरज की गुनगुनी धूप कलियों को चूम रही है
डाली-डाली हर इक फूल पर तितली घूम रही है
मदमाती इठलाती कुछ शरमाती ये इतराती
बलखाती फूलों की पंखुड़यों को चूम रही है
नटखट नई-नवेली चंचल प्यार कर रही है
धरती सोलह शृंगार कर रही

आकुल है ऋतुराज तुम्हारी करने को अगुवाई
आमों के पेड़ों की डाली-डाली है बौराई
पुरवा के झोकों संग महके बगिया में अमराई
बैरन कोयल कूके, बिरहन सेज पे ले अँगडा़ई
इसकी बोली जिया को बेक़रार कर रही
धरती सोलह शृंगार कर रही

झील के जल में चपल चाँदनी करती यूँ अठखेली
पनघट पर गागर ज्यों भरती कोई नई-नवेली
झिलमिल-झिलमिल करें सितारे जैसे कई छिछोरे
छेड़छाड़ कर रहे मनचले छोरी देख अकेली
तारों संग चाँदनी भी मनुहार कर रही
धरती सोलह शृंगार कर रही

*

17.

तुम्हीं से रार की बातें

तुम्हीं से रार की बातें
तुम्हीं से प्यार की बातें
कि लम्बे वक़्त तक नाराज़
तुमसे रह नहीं पाते

तुम्हीं पे दिल लुटाए हैं
तुम्हीं से मुँह बनाए हैं
कि सीधे-सादे दिल के हैं
हमें नखरे नहीं आते

जिन्हें उर में बसाते हैं
ज़माने से छिपाते हैं
कि हम गुपचुप के आदी हैं
हमें चर्चे नहीं भाते

नज़र में आसमां भी है
ज़मीं पर आशियां भी है
ग़मों को गीत करते हैं
कि हम मातम नहीं गाते

*

18.

दूर है, फिर भी तू संग है

दूर है, फिर भी तू संग है
हर फ़िज़ा में तेरा रंग है

ग़र है सावन तो आँखों में तू
ग़र है फागुन तो साँसों में तू
तेरी रूहानियत से सजा
जिस्म का मेरे अंग-अंग है

तू ही सुबह, तू ही शाम है
लब पे हर पल तेरा नाम है
अपनी सुध-बुध नहीं कुछ मुझे
तेरी ऐसी चढ़ी भंग है

पानी-चन्दन से हम हैं मगर
तिरछी सबकी है हम पर नज़र
इस ज़माने में और प्यार में
सदियों-सदियों से ही जंग है

*

19.

ज़माना ऐसा है कि सब कुछ पैसा है

ज़माना ऐसा है कि सब कुछ पैसा है ...
हो गई दुनिया इक बाजार ।
खरीदो बेचो कुछ भी यार ।
जमाना ऐसा है कि सब कुछ पैसा है।
ज़माना कैसा है कि सब कुछ पैसा है।

दौलत से दिलदार खरीदो चाहे बिकाऊ प्यार खरीदो।
लोभ स्वार्थ की ये मन्डी है चाहे जो सरकार खरीदो ।
ईमानों का भी होता है खुलकर कारोबार ।
जमाना ऐसा है कि सब कुछ पैसा है।
ज़माना कैसा है कि सब कुछ पैसा है।।

जिसके पास में धन होता।
अपने पापों को धोता।
दौलत की निर्मल गंगा में नित्य लगाता है गोता ।
पंडे करते धनवानों का धन लेकर उद्धार।
ज़माना कैसा है कि सब कुछ पैसा है।
जमाना ऐसा है कि सब कुछ पैसा है।

जिसके पास में धन होता। अपने पापों को धोता।
दौलत की निर्मल गंगा में नित्य लगाता है गोता ।
पंडे करते धनवानों का धन लेकर उद्धार ।
जमाना ऐसा है कि सब कुछ पैसा है।
जमाना कैसा है कि सब कुछ पैसा है।

अतिशय व्याकुल मन होता । एकाकी पन में रोता।
फूलों की चाहत करता जीवन भर काटे ढोता।
बेमानी झूटे लगते हैं रिश्ते नातेदार ।
जमाना ऐसा है कि सब कुछ पैसा है।
जमाना कैसा है कि सब कुछ पैसा है।

नहीं बिकता है मां का प्यार। नहीं बिकते हैं उच्च विचार ।
भले ही हावी पूंजीवाद। नहीं बिकते सच्चे किरदार ॥
हवा तक बिके सिलेण्डर में हो रहा सांसों का व्यापार ॥
ज़माना ऐसा है कि सब कुछ पैसा है।
ज़माना कैसा है कि सब कुछ पैसा है।

*

20.

मेरी हँसती हुई आँखों का पानी

मेरी हँसती हुई आँखों का पानी बन गया कोई
कभी जो सामने था इक कहानी बन गया कोई

मेरा अनुवाद क्या करना मेरी भाषा तो उलझी है
बहुत दिन हो गए लेकिन अभी तक ये न सुलझी है
नदी यादों में मचली है रवानी बन गया कोई
मेरी हँसती हुई आँखों का पानी बन गया कोई

हरे पत्तों से छन कर आ रही है धूप धीरे से
ज़रा ख़ुद को निहारो और देखो रूप धीरे से
मेरे चेहरे को पढ़ लेना निशानी बन गया कोई
मेरी हँसती हुई आँखों का पानी बन गया कोई

यहाँ शतरंज बिछती है मोहब्बत कौन करता है
यहाँ हर रोज़ मरते हैं किसी पर कौन मरता है
किसी अभिलेख में आया ज़ुबानी बन गया कोई
मेरी हँसती हुई आँखों का पानी बन गया कोई

*

21.

दिन मन भावन चले गए

उँगली पर गिनते-गिनते ही दिन मन भावन चले गए
सरहद वाली नौकरियों में कितने सावन चले गए

चाह न थकती मन की हाय, नींद उड़ी है नैनन की
लहर उठे रह-रह कर जी में कैसी उलझन विरहन की
बर्तन बासन रोटी दाल में, स्वप्न सुहावन चले गए
सरहद वाली नौकरियों में कितने सावन चले गए

पलक बिछाए रस्ता देखूँ, रोज़-रोज़ भीगें नैना
बावरिया सी इत-उत डोलूँ, पी बिन पड़े नहीं चैना
टले महूरत जाने कितने, लम्हे पावन चले गए
सरहद वाली नौकरियों में कितने सावन चले गए

मम्मी! कब आएँगे पापा? रोज़ पूछती है बिटिया
रोज़ डाकिया आता है पर, आती नहीं मुई चिठिया
आँसू बनकर मेघदूत तक उन्हें बुलावन चले गए
सरहद वाली नौकरियों में कितने सावन चले गए

*

22.

अस्तित्व को वो मेरे नकारे चला गया

अस्तित्व को वो मेरे नकारे चला गया
आया था जीतने मुझे हारे चला गया

जिनको न आस्था थी वो घर में पड़े रहे
पहुँचे भी ग़र वहाँ तो वो बाहर खड़े रहे
पत्ते का भाग्य देखिए पैरों बग़ैर भी
मंदिर में आँधियों के सहारे चला गया
आया था जीतने मुझे हारे चला गया

विश्वास मेरा जीत के हर बार छल गया
पहचानता नहीं मुझे मतलब निकल गया
नज़रें चुराई आज मुझे देखने के बाद
चुपके से वो सरक के किनारे चला गया
आया था जीतने मुझे हारे चला गया

दस्तूर आजकल का यही है सबब है क्या
दुनिया इसी का नाम है इसमें अजब है क्या

आया था जो कि हाथ पसारे हुए यहाँ
वो जब गया तो हाथ पसारे चला गया
आया था जीतने मुझे हारे चला गया

कितनी हसीन शोख़ ख़याली है ज़िन्दगी
क्या ख़ूब मोहब्बत की निराली है ज़िन्दगी
वो जब भी गया मेरे तसव्वुर से निकलकर
सुख-चैन लेके सारे हमारे चला गया
आया था जीतने मुझे हारे चला गया

*

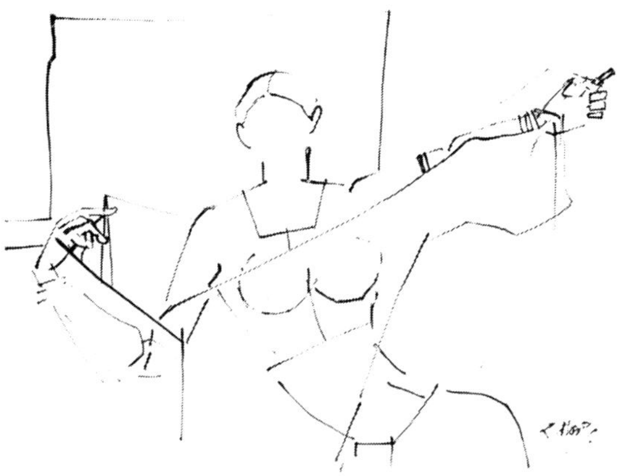

23.

प्रियतम की याद सताए

घनघोर घटा जब छाए, जब मस्त पवन लहराए
जब बाग में कोयल गाए, प्रियतम की याद सताए

आकाश में बिजली चमके, रह-रह कर कौंधा दमके
जब उमड़-घुमड़ के बादल, बरसात करें थम-थम के
तन्हाई में दिल घबराए, अँखियों में नींद न आए
जब बाग में कोयल गाए, प्रियतम की याद सताए

जब अपने पंख पसारे, मोरनी को मोर पुकारे
जब फूल को भंवरा चूमे, मन मस्ती में तब झूमे
मदमस्त नदी उफनाए, ये कल-कल शोर मचाए
जब बाग में कोयल गाए, प्रियतम की याद सताए

जब आधी रात पड़ोसन, मुइ बजा के चूड़ी-कंगन
वो नमक जले पर छिड़के, है जनम-जनम की सौतन
छम-छम पायल छनकाए, मेरे तन-मन आग लगाए
जब बाग में कोयल गाए, प्रियतम की याद सताए

संदेश बहुत भिजवाए, परदेश से वो ना आए
बिन साजन ये मदमाती, ऋतु सुंदर बीत न जाए
कोई कैसे मन समझाए, प्रियतम की याद सताए
जब बाग में कोयल गाए, प्रियतम की याद सताए

*

24.

बहुत दिनों के बाद मैं जी भर रोई हूँ

लगा कटीले जंगल में फ़िर सोई हूँ
बहुत दिनों के बाद मैं जी भर रोई हूँ

आँखों में है एक समन्दर
कितना दर्द है इसके अंदर
बिन पानी की मछली जैसे
तड़प रही मैं तैरू कैसे
कितने किस्से भरे हैं क़िस्सागोई हूँ
बहुत दिनों के बाद मैं जी भर रोई हूँ

छूटा कुछ अपनों का साथ
कुछ ने छुड़ा लिए ख़ुद हाथ
बही जा रही समय की नदी
हम भी तुम भी और ये सदी
माटी की गुड़िया आटे की लोई हूँ
बहुत दिनों के बाद मैं जी भर रोई हूँ

इस पार है गहरा अंधियारा
उस पार कहीं है उजियारा
अक्सर कोई देता आवाज़
बुला रहा है सुख का साज़
सपने टूटे फिर कुछ सपने को बोई हूँ
बहुत दिनों के बाद मैं जी भर रोई हूँ

*

25.

सिरहाने थी याद तुम्हारी

सिरहाने थी याद तुम्हारी, इक पल भी ना सोई मैं
धीरे-धीरे रात गई और जाने कितना रोई मैं

आँखों में तस्वीर तुम्हारी हर पल पीछा करती है
किंतु ज़माने की नज़रों से फिर भी हर पल डरती है
तेरी ही मीठी यादों में रहती खोई-खोई मैं
धीरे-धीरे रात गई और जाने कितना रोई मैं

प्रेम डगर पर पाँव बढ़ाना सब के बस की बात नहीं
सच के लिए फ़ना हो जाना सबके बस की बात नहीं
अपने चेहरे को अपने ही अश्कों से नित धोई मैं
धीरे-धीरे रात गई और जाने कितना रोई मैं

मेरे चेहरे में झाँको तो झील दिखाई देती है
यादों की परछाई मीलों मील दिखाई देती है
इक माटी की गुड़िया जैसी हूँ आटे की लोई मैं
धीरे-धीरे रात गई और जाने कितना रोई मैं

तुम को लेकर मैंने कितने सुंदर स्वप्न सँजोए थे
अपने दिल की इस क्यारी में बीज प्यार के बोए थे
उन सपनों को ताबीरों को सारा जीवन ढोई मैं
धीरे-धीरे रात गई और जाने कितना रोई मैं

शहदीले वो शब्द तुम्हारे नींद सरस कर जाते हैं
मेरी पलकों को यादों के मेघ भिगो कर जाते हैं
सचमुच तुम इक क़िस्सागो हो जिसकी क़िस्सागोई मैं
धीरे-धीरे रात गई और जाने कितना रोई मैं

*

26.

तन में सावन मन में सावन

तन में सावन मन में सावन, झीलों नदियों वन में सावन
खेत बाग में झिमिर-झिमिर बरसे घर कुंजन में सावन

रसिया बन कर घूम रहा है, फ़सलों के सँग झूम रहा है
अम्बर से प्रियसी धरती के, अधरों को यह चूम रहा है
धरती करे सिंगार निहारे, सुन्दरता दर्पन में सावन
तन में सावन मन में सावन, झीलों नदियों वन में सावन

फिसलन ही फिसलन होती तन-मन में मचलन होती
मदमाती यह ऋतु मतवारी अंग-अंग में सिहरन होती
बिन साजन के अग्नि लगाए जब बरसे आँगन में सावन
तन में सावन मन में सावन, झीलों नदियों वन में सावन

झूला झूलें कृष्ण मुरारी, देख रहे हैं सब नर-नारी
राधा अपलक नैन निहारे, कब आयेगी अपनी बारी
ग्वाल-बाल गोपियाँ गा रहे, आयो वृन्दावन में सावन
तन में सावन मन में सावन, झीलों नदियों वन में सावन

सीमा पर बिजली बन चमके, रिपुदल पर कौंधा-सा दमके
उमड़-घुमड़ तोपों-सा गरजे, घहर-घहर घहरे थम-थम के
लरज उठे बैरी मन भय से, बरसे यह जब रन में सावन
तन में सावन मन में सावन, झीलों नदियों वन में सावन

*

27.

मुट्ठियों से रेत की मानिंद

मुट्ठियों से रेत की मानिंद, नित फिसलते जा रहे हैं दिन
गर्मियों में गल रही तिल-तिल, बर्फ़ जैसी ज़िन्दगी छिन-छिन

बूढ़ा बरगद देखता है पीढ़ियाँ दर पीढ़ियाँ
हर बरस पतझड़ में गिर जाती पुरानी पत्तियाँ
घोंसले चिड़ियाँ बनाती डालियों पर हैं नए
बाँबियाँ अपनी बनाती हैं जड़ों में चीटियाँ
थाल पूजा का सजाकर पूजने आती कभी जोगिन
मुट्ठियों से रेत की मानिंद, नित फिसलते जा रहे हैं दिन

जेठ की तपती दुपहरी धूप की तीखी चुभन
पूस की ठिठुरी हुई रातें कड़क ठंडक गलन
मस्त सावन की फुहारों में कभी भीगा बदन
कोई मौसम हो किया मैंने उसे हँसकर सहन
वक़्त ने कितने चुभोए यातनाओं के मुझे पिन
मुट्ठियों से रेत की मानिंद, नित फिसलते जा रहे हैं दिन

हर तरह के इस जहाँ में भक्त और भगवान देखे
नेक-बद अच्छे-बुरे हर क़िस्म के इंसान देखे
बेवक़ूफ़ों के दिखे दल अक़्लमंदों के हुज़ूम
भावनाओं में भी कुछ बहते हुए अरमान देखे
भेद कर पाए नहीं हम कोई भी इंसानों में लेकिन
मुट्ठियों से रेत की मानिंद, नित फिसलते जा रहे हैं दिन

*

28.

दर्द जब हद से बढ़े

दर्द जब हद से बढ़े तो मुस्करा कर देखिए
दर्द कम हो जाएगा कुछ गुनगुना कर देखिए

दूर हो जायेगी कुछ पल के लिए दिल की जलन
लुत्फ़ फिर देने लगेगी दिल को ये मीठी चुभन
उन हसीं यादों की फिर दुनिया में जाकर देखिए
दर्द कम हो जाएगा कुछ गुनगुना कर देखिए

जब किसी की याद आए आलम-ए-तन्हाई में
रूठ जाए नींद आँखों से ग़म-ए-तन्हाई में
जागती आँखों में कुछ सपने सजाकर देखिए
दर्द कम हो जाएगा बस गुनगुना कर देखिए

चोट खाकर मुस्कुराना ग़म छुपाना सीखिए
दिल लगाया है तो दिल को आज़माना सीखिए
ज़ख़्म पर एहसास का मरहम लगाकर देखिए
दर्द कम हो जाएगा कुछ गुनगुना कर देखिए

*

29.

वो याद बहुत आते हैं

जो दूर चले जाते हैं, वो याद बहुत आते हैं

जाने के बाद ही सबकी अहमियत पता चलती है
जब समय उलट जाता है, तो क़िस्मत भी छलती है
बीते लम्हें ख़्वाबों में आ-आ कर भरमाते हैं
जो दूर चले जाते हैं, वो याद बहुत आते हैं

बिछड़े वो मन के साथी, यादों पर जब-जब छाते
आँखों से टप-टप झरते वो जुल्म जान पर ढाते
हम आठ पहर इक पल भी, फिर चैन कहाँ पाते हैं
जो दूर चले जाते हैं, वो याद बहुत आते हैं

है कसक पीर में ऐसी, इक छड़ी जादुई जैसी
जी-जान पे भारी पड़तीं, यादें वो कैसी-कैसी
रग-रग में रह-रह दुखते, वो धड़कन में गाते हैं
जो दूर चले जाते हैं, वो याद बहुत आते हैं

*

30.

बहुत दिनों के बाद

बहुत दिनों के बाद तुम्हारी याद है मुझको आई
गुज़र गए लम्हों की आख़िर कैसे करें भरपाई

वो मंज़र भी क्या मंज़र थे प्यार में खोए-खोए
ख़्वाबों में जागे रहते थे नींद में सोए-सोए
दिन भर रहती थी आँखों में इक मस्ती-सी छाई
बहुत दिनों के बाद तुम्हारी याद है मुझको आई

वो सावन की रिमझिम-रिमझिम वो नावें काग़ज़ की
इंतज़ार का ख़ूब मज़ा था रौनक थी सजधज की
ज़हनों में जब इश्क़ में डूबी बहती थी पुरवाई
बहुत दिनों के बाद तुम्हारी याद है मुझको आई

बीत गये मौसम पर मौसम मिलन की रुत को तकते
ऊँची परबत-सी ये दूरी लाँघ भी कैसे सकते
पीर सही ना जाए अब ये लम्बी हुई विदाई
बहुत दिनों के बाद तुम्हारी याद है मुझको आई

*

31.

दर्द छुपे हैं गहरे मन में

दर्द छुपे हैं गहरे मन में और आँखों में पानी है
सबकी अपनी-अपनी दुनिया अपनी राम कहानी है

कोई तो सब कुछ कह देता है कोई छिपाए रहता है
पत्थर दिल का दर्द नैन से, गुपचुप-गुपचुप बहता है
हँसी होठ पर आँखें नम हैं, लोगों को हैरानी है
सबकी अपनी-अपनी दुनिया अपनी राम कहानी है

कान्हा की वंशी की पीर ने ही राधा को साधा था
'कान्हा ही पिय मेरे', मीरा की पीड़ा का वादा था
ना राधा का सानी कोई ना मीरा का सानी है
सबकी अपनी-अपनी दुनिया अपनी राम कहानी है

हम भी अपने ग़म को जब-तब लिखते हैं और गाते हैं
जुड़ते हैं जब लोग तो हम भी 'मैं' से 'हम' हो जाते हैं
दर्द सभी का इक जैसा है बात ये हमने जानी है
सबकी अपनी-अपनी दुनिया अपनी राम कहानी है

*

32.

अनसुनी कैसे कर पाओगे

अनसुनी कैसे कर पाओगे, तुमको प्राणों से हमने पुकारा
है घिरी नाव मँझधार में, जूझती ढूँढ़ने को किनारा

तुम सखा तुम ही प्रीतम पिया, तुम ही जानो क्यों व्याकुल जिया
बिन तुम्हारे विरह में है जाँ, राम बिन जैसे तड़पे सिया
जाने क्यों मन में विश्वास है, आ के तोड़ोगे तुम ही ये कारा
अनसुनी कैसे कर पाओगे, तुमको प्राणों से हमने पुकारा

हम से ऐसी हुई क्या ख़ता, कुछ तुम्हारा अता ना पता
क्या बताएँ हमें किस क़दर, जग के ताने रहे हैं सता
सुनते आए हैं, तुमसा नहीं, कोई हारे हुओं का सहारा
अनसुनी कैसे कर पाओगे, तुमको प्राणों से हमने पुकारा

सुन रहे हो करुण गान तो, तुम नहीं इससे नादान तो
आ भी जाओ हरो पीर ये, कुछ भी है आन का भान तो
दर-ब-दर से हैं हम राह में, अपनी यादों का थामे पिटारा
अनसुनी कैसे कर पाओगे, तुमको प्राणों से हमने पुकारा

*

33.

बादल की आँखें भर आतीं

बादल की आँखें भर आतीं तब ही वो बरसता है

जब सीला-सीला मन होता
जब भाप सरीखा तन होता
ग़म अपना ज़मीं से कहने को घनघोर गरजता है
बादल की आँखें भर आतीं तब ही वो बरसता है

जब जंगल कुम्हला जाते हैं
जब मरुथल झुलसा जाते हैं
धरती को हरी-भरी करने जी उसका तरसता है
बादल की आँखें भर आतीं तब ही वो बरसता है

जब टेर लगाता पपीहरा
जब विरहा गाता पपीहरा
धरा की प्यास बुझाने को तब जी उसका लरजता है
बादल की आँखें भर आतीं तब ही वो बरसता है

वसुधा भरने को आलिंगन
बूँदों से देने रस-चुम्बन
मूसलाधार हो जाता वो जब प्रेम सरसता है
बादल की आँखें भर आतीं तब ही वो बरसता है

*

34.

गीत प्रेम के गाओ ना

बोझिल है मन आओ ना, गीत प्रेम के गाओ ना

मौसम रूखा-सूखा है, नैना भर-भर आए हैं
रजनी जान जलाती है, दिवस ताप के ताए हैं
झुलसा-झुलसा आलम है, बदरा बन कर छाओ ना
बोझिल है मन आओ ना, गीत प्रेम के गाओ ना

कुटिल फरेबी है दुनिया, पग-पग धोखा है, छल है
बाहर-बाहर कमल सभी, भीतर मैली दलदल है
इन्हें देख आहत है मन, आकर के सहलाओ ना
बोझिल है मन आओ ना, गीत प्रेम के गाओ ना

तुम आओ तो रैन कटे, विरहा का यह तमस छँटे
अंग लगूँ प्रियतम! तेरे, तो कुछ हिय का दर्द घटे
आकर मेरी उलझी-उलझी, अलकों को सुलझाओ ना
बोझिल है मन आओ ना, गीत प्रेम के गाओ ना

*

35.
कोई क्या जाने

कोई क्या जाने कटती है कैसे रात जुदाई की
करवट-करवट गिन-गिन बीतें घड़ियाँ ये तन्हाई की

धड़क-धड़क कर दीवाना दिल प्रियतम तुम्हें पुकारे
बुला रही तुमको ख़्वाबों में बिरहिन बाँह पसारे
रह-रह कर याद आने लगतीं बातें फिर हरजाई की
करवट-करवट गिन-गिन बीतें घड़ियाँ ये तन्हाई की

ज़ोर-ज़ोर से आधी रात जब आँख हमारी फड़के
तू भी शायद वहाँ अकेले मेरी याद में तड़पे
आग लगाये है मेरे तन-मन में ऋतु फगुनाई की
करवट-करवट गिन-गिन बीतें घड़ियाँ ये तन्हाई की

आम के बाग में कूके जब-जब बैरन ये कोयलिया
ज़हर बुझी-सी लागे मेरे मन को मीठी बोलिया
पोर-पोर में पीर बढ़ाये शीतलता पुरवाई की
करवट-करवट गिन-गिन बीतें घड़ियाँ ये तन्हाई की

कभी पुरानी मीठी यादों में मन लगे भटकने
स्मृतियों के मैं लगती हूँ पन्ने कभी पलटने
कानों में बजने लगती है फिर से धुन शहनाई की
करवट-करवट गिन-गिन बीतें घड़ियाँ ये तन्हाई की

*

36.

मेरे गीतों के जितने भी मुखड़े हैं

मेरे गीतों के जितने भी मुखड़े हैं
ये सब मेरे टूटे दिल के टुकड़े हैं

मधुऋतु में भी, नैनों से पतझर झरता
सावन में भी ये मन मरुस्थल-सा रहता
जब से प्रीतम मुझसे उखड़े-उखड़े हैं
ये सब मेरे टूटे दिल के टुकड़े हैं

किस को पीर सुनाऊँ मैं अपने मन की
किसे दिखाऊँ हालत, कुम्हलाए तन की
कोई न समझेगा ये ऐसे दुखड़े हैं
ये सब मेरे टूटे दिल के टुकड़े हैं

मुझ पर भी इक दिन तो नेमत बरसेगी
पी लौटेंगे मन की देहरी सरसेगी
अभी तो मौसम सारे उजड़े-उजड़े हैं
ये सब मेरे टूटे दिल के टुकड़े हैं

*

37.

क्या कुछ टूट रहा है

कुछ दिन से भीतर ही भीतर क्या कुछ टूट रहा है
अनदेखे सुख की चाहत में हर सुख छूट रहा है

जाने कितने भँवर लपेटे अपने पाँव खड़े हैं
आगे ही बढ़ते रहने की ज़िद पर किंतु अड़े हैं
साथ हवाओं के उड़ने की अभिलाषा है लेकिन
रीति-रिवाज़ों के बंधन से अपने पंख जड़े हैं
समय लुटेरा बनकर मेरी चाहत लूट रहा है
अनदेखे सुख की चाहत में हर सुख छूट रहा है

कभी-कभी रोना आता है इस जग के पाखंडों पर
कौवे हैं अधिपत्य जमाते जब कोयल के अंडों पर
क़लम तोड़ तलवार उठाने का तब मन करता है
कोई विधर्मी अहंकार दिखलाता जब भुजदंडों पर
ज्वालामुखी सरीखा मन में लावा फूट रहा है
अनदेखे सुख की चाहत में हर सुख छूट रहा है

कभी बुद्धि कहती क्यों तूने देखे स्वप्न सुहाने
जान-बूझकर चुने कठिन क्यों ये रस्ते अनजाने
क्या लेना-देना है तुझको जग के इन पचड़ों से
मन कहता है मनुज वही जो पीर पराई जाने
सत्य यही है कभी न भारी सच पर झूठ रहा है
अनदेखे सुख की चाहत में हर सुख छूट रहा है

*

38.

सब को है जाना रे

जाने कौन-सी राह गाँव किस ठाँव से सब को जाना रे
दुनिया है एक सराय ही केवल, असली नहीं ठिकाना रे

कँकरीली-पथरीली राहें
बसी हुई हैं मन में चाहें
पैरों में हैं थकन लपेटे
मंज़िल पर हैं टिकी निगाहें
दुर्गम लाख सही रस्ता पर लगता सफ़र सुहाना रे
दुनिया है एक सराय ही केवल, असली नहीं ठिकाना रे

यह संसार है रैन बसेरा
थोड़ी देर को तेरा-मेरा
बीते रात कहाँ ना जाने
होगा जाने कहाँ सवेरा
ले जायेगा भाग्य वहाँ पर लिखा जहाँ का दाना रे
दुनिया है एक सराय ही केवल, असली नहीं ठिकाना रे

माता-पिता बहन और भाई
सजल नयन कर देंगे विदाई
कुछ दिन केवल यह रो लेंगे
संबंधों की दे के दुहाई
मीत प्रीति का भी हो जाता पल में रिश्ता बेगाना रे
दुनिया है एक सराय ही केवल, असली नहीं ठिकाना रे

*

39.

पाई-पाई भरपाई यहाँ करनी है

पाई-पाई भरपाई यहाँ करनी है
ज़ख़्मों की तुरपाई यहाँ करनी है

केवल मन भरमाया हमने
जीवन व्यर्थ गवाया हमने
वो पाया जो बाँटा हमने
जो बोया सो काटा हमने
कुछ दिन पहुनाई यहाँ करनी है
पाई-पाई भरपाई यहाँ करनी है

सब कुछ छोड़ के जाना है
जब मुख मोड़ के जाना है
कर्म का लेखा साथ रहेगा
सबका ख़ाली हाथ रहेगा
कौन-सी कमाई यहाँ करनी है
पाई-पाई भरपाई यहाँ करनी है

ज़ख़्म नही तू बन मरहम
दुखियों के तू बाँट ले ग़म
बदी के बदले नेकी कर
झोली में तू ख़ुशियाँ भर
सोच ले भलाई यहाँ करनी है
पाई-पाई भरपाई यहाँ करनी है

*

40.

व्यक्ति के दुखड़े बहुत हैं

कौन सुनता है यहाँ पर व्यक्ति के दुखड़े बहुत हैं
पीर को गाने का मन है किंतु स्वर उखड़े बहुत हैं

एक बूढ़े नातवां मजबूर और लाचार को
बेक़सी की भूख से मरते हुए बीमार को
सिर्फ़ चुटकी भर नमक, रोटी के दो टुकड़े बहुत हैं
कौन सुनता है यहाँ पर व्यक्ति के दुखड़े बहुत हैं

इस विसंगत ज़िन्दगी की धार का रुख मोड़ने में
कर दिया जीवन समर्पित रूढ़ियों को तोड़ने में
कालिमा मन की गई ना क्रीम तो चुपड़े बहुत हैं
कौन सुनता है यहाँ पर व्यक्ति के दुखड़े बहुत हैं

भाव की अभिव्यक्ति में शब्दों का आडंबर कहाँ
गा सके पर पीर को ऐसा किसी का स्वर कहाँ
रह गये अपने अधूरे गीत के मुखड़े बहुत हैं
कौन सुनता है यहाँ पर व्यक्ति के दुखड़े बहुत हैं

*

41.

किसी दीप-सा जल कर देखें

दूर करें हम अँधियारे को, किसी दीप-सा जल कर देखें
साथ चले ना चले कोई पर, चार क़दम हम चल कर देखें

आसमान में उड़ना सीखें पर धरती पर पाँव रहे
कड़ी धूप में जलें भले हम पर औरों को छाँव रहे
पर्वत जैसा अडिग बनें पर मोम की तरह पिघल कर देखें
दूर करें हम अँधियारे को, किसी दीप-सा जल कर देखें

जड़ न रहें हम पत्थर जैसे रखें लोच हम पानी जैसी
डिगें न संघर्षों में, रक्खें हिम्मत स्वाभिमानी जैसी
जैसी ऋतु हो उस जैसा ही हम भी उसमें ढल कर देखें
दूर करें हम अँधियारे को, किसी दीप-सा जल कर देखें

पिएँ हलाहल दुनिया भर का नीलकंठ शंकर हो जाएँ
अमृत सब औरों हित छोड़ें, हो दधीचि परहित खो जाएँ
संजीवन बाँटें जन-जन में, हम दरख़्त-सा फल कर देखें
दूर करें हम अँधियारे को, किसी दीप-सा जल कर देखें

*

42.

हौसला जिसका टूटा, निखरता नहीं

हौसला जिसका टूटा, निखरता नहीं
जो है मज़बूत मन, वो बिखरता नहीं

राह में हों भले लाख दुश्वारियाँ
सच के रस्ते पे चलकर न रुकना कभी
ग़र चुनौती तुम्हें कोई पर्वत भी दे
उसके आगे भी हरगिज़ न झुकना कभी
अपने सागर की धुन में जो बहता मगन
मस्त दरिया वो ठहरे ठहरता नहीं

माना है साँकरी इश्क़ की ये गली
इसमें काँटे भी हैं, इसमें फिसलन भी है
है मज़ा भी बहुत, है सज़ा भी बहुत
इसमें मस्ती भी है, इसमें क्रंदन भी है
ये भी सच है मगर, बिन पड़े इश्क़ में
शख़्स कोई भी पूरा सँवरता नहीं

हाथ की इन लकीरों से आशा न रख
अपनी तक़दीर अपने ही हाथों से लिख
अपने कर्मों से अपनी बुलंदी को पा
सबके जैसा नहीं, अपने जैसा तू दिख
बात पीरों-फ़क़ीरों ने वाज़िब कही
कर्म बिन शख़्स कोई उभरता नहीं

*

43.

जितना ज़्यादा पाते हैं हम

जितना ज़्यादा पाते हैं हम उससे ज़्यादा खोते हैं
ऊपर-ऊपर हँसते रहते अंदर-अंदर रोते हैं
जितना ज़्यादा पाते हैं हम उससे ज़्यादा खोते हैं

रोज़ घाव पर रक्खी जाती नीम पत्तियाँ कूट पीस कर
गहरे दर्द कचोटे अक्सर रह जातें हैं दाँत पीस कर
सुख-दुख के खलिहानों में हम बीज इन्हीं का बोते हैं
जितना ज़्यादा पाते हैं हम उससे ज़्यादा खोते हैं

पीली पत्ती झर-झर झरती कोंपल रह-रह रोज़ उभरती
चलता रहता जीवन बेशक़, मौत उसे हर रोज़ कुतरती
सूरज नित उगता और ढलता ज्यों हम जगते-सोते हैं
जितना ज़्यादा पाते हैं हम उससे ज़्यादा खोते हैं

ऐसे ही चलता आया है और यूँ ही चलते जाना है
जीवन-चक्र सनातन इसका, ठीक यही ताना-बाना है
जीवन-डोरी में हम बैठे सुख-दुख रोज़ पिरोते हैं
जितना ज़्यादा पाते हैं हम उससे ज़्यादा खोते हैं

*

44.

अपनों को अपना छलता है

अपनों को अपना छलता है, चंदन पर विषधर पलता है
अंधकार में चलने जैसा लगता है
जल में रहकर जलने जैसा लगता है

कौन यहाँ अपना है सब के अपने-अपने राग रंग हैं
अलग-अलग जीवन शैली है जीने के भी अलग ढंग हैं
कहने भर को सब दिखते हैं केवल अपने संग-संग हैं
कोई नहीं साथ होता है तब एकाकीपन खलता है
अपनों को अपना छलता है, चंदन पर विषधर पलता है
अंधकार में चलने जैसा लगता है

प्रातः सूर्य उदय पर उसको नमस्कार सब जन करते हैं
नभवासी नक्षत्र चंद्रमा उसके घर पानी भरते हैं
उसकी भीषण तपन ऊष्मा से जग के प्राणी डरते हैं
कोई नहीं देखता संध्या को जब भी सूरज ढलता है
अपनों को अपना छलता है, चंदन पर विषधर पलता है
अंधकार में चलने जैसा लगता है

मिथ्या ये भ्रमजाल सहेजे यह तेरा है यह मेरा है
कुछ भी नही सुनिश्चित है जब फिर काहे आपा घेरा है
हम सब यहाँ मुसाफिर जैसे कुछ दिन का जग में डेरा है
मन मरीचिका में इच्छाओं का क्यों स्वर्ण हिरण पलता है
अपनों को अपना छलता है, चंदन पर विषधर पलता है
अंधकार में चलने जैसा लगता है

*

45.

समय रे धीरे-धीरे चल

समय रे धीरे-धीरे चल, समय रे धीरे-धीरे चल
टेढ़ी-मेढ़ी राहें हैं, ना इठला और मचल

छूटी उँगली बापू की गोदी अम्मा की छूट गई
जिन पगडंडी दौड़े थे हम अब तो वो भी रूठ गई
चिड़ियों का था वहीं बसेरा, दुवरा पर था पेड़ घनेरा
छूट गए वो आँगन द्वारे, जहँ बारे दिया साँझ सकारे
इन्द्रधनुष सपनों के सारे बिखर गए वो पल
समय रे धीरे-धीरे चल, समय रे धीरे-धीरे चल

ख़ुशियों के थे दिन अपने, बारिश में ख़ूब नहाना था
काग़ज़ की नाव बनाकर, पानी में तैराना था
ज़िद करना तुतलाना, मनवाना बातों को
लेकर जाय कहाँ दिल, उन मीठी यादों को
यादों की नदियाँ बहती, मन में होती हलचल
समय रे धीरे-धीरे चल, समय रे धीरे-धीरे चल

*

46

बिखरा-बिखरा तिनका जोड़ा

बिखरा-बिखरा तिनका जोड़ा
हमने भ्रम तूफ़ां का तोड़ा

हार न मानी, ना मानेंगे
वही करेंगे जो ठानेंगे
पाँव कीच में बेशक़ हैं पर
कमल से मन को ना सानेंगे
जब-जब वक़्त पड़ा है हमने
ख़ूब हवाओं का रुख मोड़ा ...

सच के पथ पर चले हमेशा
और झूठ को धता बताई
हमसे जो-जो भी टकराया
आख़िर उसने मुँह की खाई
कुछ भी किया ज़माने ने, पर
हमने दिल से दिल को जोड़ा

विध्वंसों के कठिन दौर में
सृजन ही अपना सरोकार है
तन से हारे हों तो हारे
मन से मानी नहीं हार है
बने रहे औज़ार हमेशा
हथियारों को पीछे छोड़ा ...

*

47

इस दुनिया में सारे इंसा दुखी दिखे

जिसकी आँखों में देखोगे नमी दिखे
इस दुनिया में सारे इंसां दुखी दिखे

जन्नत-दोज़ख़ दोनों हैं ये ख़ूब जहाँ
कोई यहाँ पाक साफ़ रह सका कहाँ
ग़लती और गुनाहों का है पुतला यह
कोई भी तो नहीं दूध का धुला यहाँ
कोई ना कोई हर इंसा में कमी दिखे
इस दुनिया में सारे इंसां दुखी दिखे

आसमान में चाँद-सितारे घूम रहे
धरती पर हैं सभी नज़ारे घूम रहे
जंगल नदी पहाड़ परिंदे पशु इंसां
इर्द-गिर्द सूरज के सारे घूम रहे
घूम रही है दुनिया लेकिन थमी दिखे
इस दुनिया में सारे इंसां दुखी दिखे

इश्क़ किया जिसने हरजाई दुनिया में
बेमतलब बस जान गँवाई दुनिया में
जान गँवा कर प्रीत निभाई दुनिया में
हाथ लगी उस के रुसवाई दुनिया में
ज़हनों पर दुनिया के काई जमी दिखे
इस दुनिया में सारे इंसां दुखी दिखे

*

48

जीवन का है रंग यही

जीवन का है रंग यही
जीने का है ढंग यही
संघर्षों में कटता हर पल, थोड़ी मुश्किल थोड़ा हल

ख़ुशी ज़रा-सी भारी ग़म
होंठ हँसे तो आँखें नम
यह लाओ तो वो है कम
आटा लाओ दाल ख़तम
यही ज़िन्दगी की हलचल, थोड़ी मुश्किल थोड़ा हल
संघर्षों में कटता हर पल, थोड़ी मुश्किल थोड़ा हल

पेट हवस का बहुत बड़ा
भरने पर हर व्यक्ति अड़ा
लोभ स्वार्थ का आँखों पर
सभी के मोटा लेन्स चढ़ा
इसीलिए हर व्यक्ति विकल, थोड़ी मुश्किल थोड़ा हल
संघर्षों में कटता हर पल, थोड़ी मुश्किल थोड़ा हल

अच्छा है कुछ जोश रहे
जोश में लेकिन होश रहे
जो भी दिया मुक़द्दर ने है
उतना पा कर संतोष रहे
तो जीवन हो जाय सरल, थोड़ी मुश्किल थोड़ा हल
संघर्षों में कटता हर पल, थोड़ी मुश्किल थोड़ा हल

*

49.

जीवन इतना महँगा है

जीवन इतना महँगा है, मौत यहाँ पर सस्ती है
झाम झमेला झोले में है, अधर में सबकी कश्ती है

समय सिरफिरा नहीं पता कब कौन कहाँ पर छूटेगा
तय करना भी मुश्किल है दिल किसका कब-कब टूटेगा
दुख के ढेर बहाने हैं औ सुख की थोड़ी हस्ती है
झाम झमेला झोले में है, अधर में सबकी कश्ती है

दोहरापन है तन मन में दर्पण का कोई दोष नहीं
काम बहुत ही मुश्किल है अब थोड़े में संतोष नहीं
ढाई आखर समझ न पाए उलझन वाली बस्ती है
झाम झमेला झोले में है, अधर में सबकी कश्ती है

*

50.

धड़कनों में हौसले

धड़कनों में हौसले भर अज़्म पे होके सवार
चल पड़े हैं ढूँढ़ने इक ज़िन्दगी सूरज के पार

रोक पाएगी नहीं मुझको कोई भी अब थकन
खोज कर लाएँगे हम ऐसी उजाले की किरण
सारी दुनिया का करेंगे दूर इक दिन अंधकार
धड़कनों में हौसले भर अज़्म पे होके सवार

पंख हिम्मत के भरेंगे नित नई ऊँची उड़ान
पार कर लेंगे कभी एक रोज़ निश्चित आसमान
लाएँगे अपनी ज़मीं पर चाँद तारों को उतार
धड़कनों में हौसले भर अज़्म पे होके सवार

रूठकर धरती से जायेगा ना मौसम ख़ुशगवार
नफ़रतों की बिजलियाँ होंगी यहाँ पर शर्मशार
प्यार की ख़ुशबू लुटाएगी सदा बाद-ए-बहार
धड़कनों में हौसले भर अज़्म पे होके सवार

*

51.

हम दुर्गम राहों के राही हैं

कौन सुनता है यहा पर व्यक्ति के दुखड़े बहुत हैं।
पीर को गाने का मन है किंतु स्वर उखड़े बहुत हैं।

एक बूढ़े नातवां मजबूर और लाचार को ।
बेकसी की भूख से मरते हुए बीमार को ।
सिर्फ चुटकी भर नमक, रोटी के दो टुकड़े बहुत हैं।
कौन सुनता है।

इस विसंगत जिंदगी की धार का रुख मोड़ने में ।
कर दिया जीवन समर्पित रूढ़ियों को तोड़ने में ।
कालिमा मन की गई न क्रीम तो चुपड़े बहुत हैं।
कौन सुनता है।

भाव की अभिव्यक्ति में शब्दों का आडंबर कहां।
गा सके पर पीर को ऐसा किसी का स्वर कहां।
रह गये अपने अधूरे गीत के मुखड़े बहुत हैं।
कौन सुनता है यह पर व्यक्ति के दुखड़े बहुत हैं।
पीर को गाने का मन है जीतू स्वर उखड़े बहुत हैं।
कौन सुनता है।

*

52.

सुख तो लोगों ने बाँटा

सुख तो लोगों ने बाँटा पर दुख को बाँटा किसने

औरों के दुख के भीतर हम सुख लेने लगते हैं
अच्छा गप-गप कड़वे को थू-थू करने लगते हैं
जिससे स्वार्थ सधे उसका ही चंदन लगते घिसने
सुख तो लोगों ने बाँटा पर दुख को बाँटा किसने

सुख भी बाँटो, दुख भी बाँटो इसमें ही हित सबका है
बाँटे से सुख बढ़ता देखा बाँटे से दुख घटता है
नियम यही सुख-दुख का पाया बरता जिसने-जिसने
सुख तो लोगों ने बाँटा पर दुख को बाँटा किसने

नहीं जानते ग़र सुख-दुख का मर्म है होता कैसा
सुख-दुख के इस द्वंद्व में सच्चा धर्म है होता कैसा
दो पाटों के बीच में फिर हम सब लगते हैं पिसने
सुख तो लोगों ने बाँटा पर दुख को बाँटा किसने

*

53.

बिखरा-बिखरा तिनका जोड़ा

बिखरा-बिखरा तिनका जोड़ा, हमने भ्रम तूफ़ां का तोड़ा

हार न मानी, ना मानेंगे वही करेंगे जो ठानेंगे
पाँव कीच में बेशक़ हैं पर कमल से मन को ना सानेंगे
जब-जब वक़्त पड़ा है हमने ख़ूब हवाओं का रुख़ मोड़ा
बिखरा-बिखरा तिनका जोड़ा, हमने भ्रम तूफ़ां का तोड़ा

सच के पथ पर चले हमेशा, और झूठ को धत्ता बताई
हमसे जो-जो भी टकराया आख़िर उसने मुँह की खाई
कुछ भी किया ज़माने ने पर हमने दिल से दिल को जोड़ा
बिखरा-बिखरा तिनका जोड़ा, हमने भ्रम तूफ़ां का तोड़ा

विध्वंसों के कठिन दौर में सृजन ही अपना सरोकार है
तन से हारे हों तो हारे मन से मानी नहीं हार है
बने रहे औज़ार हमेशा हथियारों को पीछे छोड़ा
बिखरा-बिखरा तिनका जोड़ा, हमने भ्रम तूफ़ां का तोड़ा

*

54.

हम रौशनी की ज़िद लिए

हम रौशनी की ज़िद लिए चलते रहे, चलते रहे
काली अँधेरी राह में हम दीप बन जलते रहे

हमने तो अपने दर्द को ही गीत-ग़ज़लों में रचा
हमने तो 'स्व' से 'सर्व' होकर सामने ख़ुद को रखा
खिलखिलाती लौ लिए हम मोम-सा गलते रहे
काली अँधेरी राह में हम दीप बन जलते रहे

इस तमस को चीर इक दिन होगी उजली-सी सहर
हर बुझे दिल में उठेगी सदियों से सोई लहर
उस सहर की आस में हम शाम-सा ढलते रहे
काली अँधेरी राह में हम दीप बन जलते रहे

*

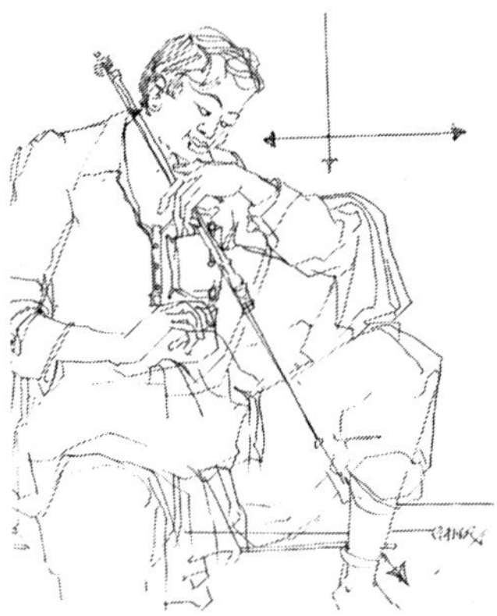

55.

काश! कि सबका हल हो पाता

दुश्वारी से लदा है जीवन, काश! कि सबका हल हो पाता

कितनी मेहनत करते हैं हम, इम्तिहान की तैयारी में
आख़िर हमको मिले सफलता, रहते इस मारा-मारी में
असफलता से भरी पड़ी क्यों, फिर भी इतिहासों की गाथा
दुश्वारी से लदा है जीवन, काश! कि सबका हल हो पाता

बरखा - बिजली दोनों को यूँ इक बदली ने पाला है
फिर भी इक का मन शीतल है, दूजे के मन ज्वाला है
एक कोख की रचना को भी क्योंकर रचता अलग विधाता
दुश्वारी से लदा है जीवन, काश! कि सबका हल हो पाता

मानव का है धर्म कि बस अपना कर्तव्य निभाए वो
कर्म करे बस, फल की चिंता हरि पर छोड़े जाए वो
गीता भी हमको बतलाती "अपना है बस कर्म से नाता"
दुश्वारी से लदा है जीवन, काश! कि सबका हल हो पाता

*

56.

इस शहर में गाँव दिख जाए

काश ठंडी छाँव दिख जाए, इस शहर में गाँव दिख जाए

इक बटोही थक गया हो जब
रास्ते भी सो गए हों सब
उसको चौखट पर किसी के, आसरे की ठाँव दिख जाए
काश ठंडी छाँव दिख जाए, इस शहर में गाँव दिख जाए

इक सदी से खोज़ जारी है
इश्क़ का इक नशा तारी है
रेत की पगडंडियों पर काश छपा प्रिय का पाँव दिख जाए
काश ठंडी छाँव दिख जाए, इस शहर में गाँव दिख जाए

नुच न जाएँ तितलियों के पर
हों सुरक्षित पंछियों के घर
कोयलों की कूक के सँग काग की भी काँव दिख जाए
काश ठंडी छाँव दिख जाए, इस शहर में गाँव दिख जाए

*

57.

जो औरों की ख़ातिर जीता

जो औरों की ख़ातिर जीता, जग अभिनंदन उसका करता

जो कर्तव्यपरायण होता
नर से वो नारायण होता
जो ख़ुद ही ख़ुद में है गीता जग आराधन उसका करता
जो औरों की ख़ातिर जीता, जग अभिनंदन उसका करता

जो 'मैं' से 'हम' हो जाता है
'स्व' से 'सर्व' में खो जाता है
हो जाता सबका मनमीता जग अभिवादन उसका करता
जो औरों की ख़ातिर जीता, जग अभिनंदन उसका करता

पीर दूसरों की जो गाता
पर-दुख में विचलित हो जाता
जो औरों के आँसू पीता जग पदवंदन उसका करता
जो औरों की ख़ातिर जीता, जग अभिनंदन उसका करता

*

58.

हम बंजारे

जन्मों-जन्मों रहा सफ़र, सपनों में ही देखा घर
हम बंजारे, दुनिया हमको कहती यायावर

पत्थर-पानी-घाम सहा
रस्तों से वास्ता रहा
हम क्या जानें मंज़िल हम तो भटके बस दर-दर
हम बंजारे, दुनिया हमको कहती यायावर

रंग ताम्बई है अपना
सीखा है निसदिन खपना
जीवट से ही एक किए हैं धरती औ' अम्बर
हम बंजारे, दुनिया हमको कहती यायावर

अपनी मस्ती में रहते
हम दरियाओं-से बहते
चलते रहते, हार न मानी पाँवों ने थक कर
हम बंजारे, दुनिया हमको कहती यायावर

*

59.

एक मज़दूर ने हँस के मुझसे कहा

एक मज़दूर ने हँस के मुझसे कहा, आँसुओं से लिखी मेरी तक़दीर है
वेदना के सुरों में सधी ज़िंदगी, मन से लिपटी हुई दुख की ज़ंजीर है

बस मेरे भाग में सिर्फ़ संघर्ष है
दूर क़िस्मत से कोसों हर इक हर्ष है
रोज़ी-रोटी की ख़ातिर खपा हूँ सदा
मैं क्या जानूँ क्या जीवन का उत्कर्ष है?

यूँ तो पत्थर-सा सीना है मेरा मगर, इसमें सदियों से पिघली-सी इक पीर है
वेदना के सुरों में सधी ज़िंदगी मन से लिपटी हुई दुख की ज़ंजीर है

मैं अमीरों की बस्ती बसाता रहा
और ग़रीबी में ख़ुद को गलाता रहा
मैंने औरों की अट्टालिकाएँ गढ़ीं
अपनी टूटी-छपरिया को गाता रहा

अपने बच्चों को घर दे न पाया कभी, दिल में मेरे यही इक गड़ा तीर है
वेदना के सुरों में सधी ज़िंदगी मन से लिपटी हुई दुख की ज़ंजीर है

मेरी छमिया भी सँग मेरे पिसती रही
पीछे-पीछे मेरे ख़ुद को घिसती रही
एक सोने के कंगन का सपना लिए
बाल चाँदी किए, ख़ुद में रिसती रही

इक कहानी नहीं, इक उपन्यास-सा, मेरी आँखों में डबडब-सा ये नीर है
वेदना के सुरों में सधी ज़िंदगी मन से लिपटी हुई दुख की ज़ंजीर है

*

60.

हम दुर्गम राहों के राही

हम दुर्गम राहों के राही कैसे सीधी राह चलें
कितना भी हो गहन अँधेरा लेकर उसकी थाह चलें

पर्वत से दुख झेले हमने
निसदिन झंझावात सहे
वक़्त पड़ा तो हार न मानी
बेशक़ उलटी धार बहे

पत्थर, पानी, घाम के पाले, हम तो बेपरवाह चलें
हम दुर्गम राहों के राही कैसे सीधी राह चलें

मंज़िल पर है नज़र हमारी
रस्ते अब जैसे भी हों
कूद पड़े जब बीच भँवर में
फिर तूफ़ां कैसे भी हों

ख़ौफ़ नहीं, सीने में अपने, भर कर हम उत्साह चलें
हम दुर्गम राहों के राही कैसे सीधी राह चलें

हर सागर को लाँघेंगे अब
लक्ष्य कठिनतम साधेंगे अब
विकट काल को भी हिम्मत कर
संकल्पों से बाँधेंगे अब

हर अभेद्य दुर्गम लंका का, करने अन्तिम-दाह चलें
हम दुर्गम राहों के राही कैसे सीधी राह चलें

*

61.

नव्य-नूतन नीड़ का निर्माण

नव्य-नूतन नीड़ का निर्माण करना है
प्रेम के विस्तृत गगन का गान करना है

तिनका-तिनका जोड़ कर
सपने बुनेंगे फिर
दुखड़ा-दुखड़ा भूल कर
हर सुख रचेंगे फिर
अपने अभिशापों को फिर, वरदान करना है
प्रेम के विस्तृत गगन का गान करना है

धैर्य से तूफ़ान को
मिलकर हराएँगे
ख़ुशियों के रंगों से चमन
फिर से सजाएँगे
आज फैले तमस को, दिनमान करना है
प्रेम के विस्तृत गगन का गान करना है

क्या रखा है प्रेम के
अतिरिक्त जीवन में
एक मुक्त विराट-सा है
प्रीति बंधन में
भावना में भावना का, भान करना है
प्रेम के विस्तृत गगन का गान करना है

*

62.

कहाँ सभी से मन मिलता है

भीड़ भरी दुनिया में बोलो कहाँ सभी से मन मिलता है
परिचित थोड़े लोग ही होते जिनसे अपनापन मिलता है

ज़्यादातर तो अपनी-अपनी, अपनी ही चिंता में रहते
लाख मुसीबत पड़े किसी पर, हाथ नहीं पर उसका गहते
कहाँ रहे वो लोग कि जिनके सीने में स्पंदन मिलता है
परिचित थोड़े लोग ही होते जिनसे अपनापन मिलता है

कौन अड़ौसी, कौन पड़ौसी, ज्ञात नहीं है बस्तीभर को
अब पहले-सी बात कहाँ वो, जाना करते थे घर-घर को
हृदय को जो छूकर गुज़रे अब नहीं वो संबोधन मिलता है
परिचित थोड़े लोग ही होते जिनसे अपनापन मिलता है

बस गिनती के लोग बचे, जिनकी आँखों में करुणा जल है
जिनका दिल दरिया जैसा है, दिल में नहीं तनिक भी छल है
अब भी पक्के घर में उनके कच्चा-सा आँगन मिलता है
परिचित थोड़े लोग ही होते जिनसे अपनापन मिलता है

*

63.

रोज़ सिखाती है चिड़िया

बढ़ते बच्चों को अपने दुलराती है चिड़िया
नए-नए कुछ गुण हर रोज़ सिखाती है चिड़िया

घड़ी-घड़ी दाना लाती है चुग-चुग बाहर से
प्यार से बच्चों को देती फिर चोंच की गागर से
बच्चों को फिर प्यारे गीत सुनाती है चिड़िया
बढ़ते बच्चों को अपने दुलराती है चिड़िया

गर्मी से कैसे बचना है सर्दी से कैसे
आँधी से ऐसे बचना है बरखा से ऐसे
रोज़-रोज़ ही दाँव नए बतलाती है चिड़िया
बढ़ते बच्चों को अपने दुलराती है चिड़िया

पूछते हैं बच्चे जब मम्मी कैसे उड़ती हो?
हवा में ऊपर कैसे जाती कैसे मुड़ती हो?
एक-एक कर सारे गुर सिखलाती है चिड़िया
बढ़ते बच्चों को अपने दुलराती है चिड़िया

*

64.

इतना पानी कितना पानी

इतना पानी कितना पानी, घग्घो रानी घग्घो रानी
खेलने वाली अब वो लड़की, देखो तो हो गई सयानी

नाच दिखाती कठपुतली-सी
घर भर में नन्हीं तितली-सी
उछल कूद करती मन मानी, देखो अब हो गई सयानी
इतना पानी कितना पानी, घग्घो रानी घग्घो रानी

हठ करके अपनी मनवाती
गुड़िया का वो ब्याह रचाती
खेल के पीछे रहे दिवानी, देखो अब हो गई सयानी
इतना पानी कितना पानी, घग्घो रानी घग्घो रानी

अगर खिलौना कहीं खो गया
समझ लो एप्सेट मूड हो गया
नया खिलौना लेकर मानी, देखो अब हो गई सयानी
इतना पानी कितना पानी, घग्घो रानी घग्घो रानी

भूल गई वो अब हकलाना
गाती है अब फ़िल्मी गाना
बदल गई है बोली बानी, देखो अब हो गई सयानी
इतना पानी कितना पानी, घग्घो रानी घग्घो रानी

पिज़्ज़ा बर्गर मैगी ख़स्ता
कापी क़लम किताबें बस्ता
छूट गई सब कारस्तानी, देखो अब हो गई सयानी
इतना पानी कितना पानी, घग्घो रानी घग्घो रानी

अँग्रेज़ी हर वक़्त बोलती
हिंदी में रस नहीं घोलती
मेरी नानी की ज्यों नानी, देखो अब हो गई सयानी
इतना पानी कितना पानी, घग्घो रानी घग्घो रानी

*

65.

समय चलता रहता अविरल

समय चलता रहता अविरल
ठहरता कभी नहीं दो पल
नहीं सुनता ये फरियादें
छूट जाती पीछे यादें

गोद अम्मा की कब रूठी
पिता जी की उँगली छूटी
सिसकती पड़ी है कोने में
ग्वलिनयाँ मिट्टी की टूटी
न अब चौबारे आँगन में
कहीं भी पायल की हलचल
समय चलता रहता अविरल

द्वार पर पेड़ घनेरा था
जहाँ चिड़ियों का बसेरा था
चहचहाट के बिना उनकी
कभी होता ना सवेरा था
न दिखता नृत्य मयूरों का
गरजते लाख यहाँ बादल
समय चलता रहता अविरल

हुए पराये आँगन द्वारे
छूटे सब पनघट चौबारे
पीपल जहाँ जलाए हमने
दीपक निसदिन साँझ-सकारे
रोज़ चढाते थे हम जिसपर
अंजुरी में ले कर जल
समय चलता रहता अविरल

ताल-तलैया खेत-बाग वन
घूमा करते उपवन-उपवन
कभी पकड़ते उड़ती तितली
सुनते थे भँवरों का गुंजन
चिड़ियों का कलरव मधुरिम
मचलती नदिया की कलकल
समय चलता रहता अविरल

बारिश के पानी में नहाना
काग़ज़ की नौका तैरना
डाँट पड़े तो करें बहाना
ज़िद करके अपनी मनवाना
अब तो बस बीती बाते हैं
मीठी यादें हैं केवल
समय चलता रहता अविरल

*

66.

माँ हो तो घर, घर होता है

माँ हो तो घर, घर होता है, वरना घर बंजर होता है

माँ है घर में कथा-कहानी माँ से ही नदियों में पानी
बच्चों के सपनों की ख़ातिर माँ बनती सपनों की दानी
बच्चे ठंडे पड़ जाते हैं अगर जननी को ज्वर होता है
माँ हो तो घर, घर होता है, वरना घर बंजर होता है

पहला पाठ पढ़ाती है माँ जीवन-आस जगाती है माँ
किस अक्षर से बनता क्या है पुस्तक खोल सिखाती है माँ
बच्चे बचे रहें लपटों से माँ का आग में सर होता है
माँ हो तो घर, घर होता है, वरना घर बंजर होता है

खारे आँसू चुप-चुप पीती फटी हुई हर चादर सीती
कोई नहीं जान यह पाता कब वह मरती, कब वह जीती
माँ तक का रस्ता तो छोटा, लम्बा मगर सफ़र होता है
माँ हो तो घर, घर होता है, वरना घर बंजर होता है

पूरी नींद कभी ना सोती, मुँह को ढाँपे अक्सर रोती
पूरे घर में साँस रोक कर, अक्सर ढूँढ़ा करती मोती
माँ के भीतर उठता-गिरता काला एक भँवर होता है
माँ हो तो घर, घर होता है, वरना घर बंजर होता है

माँएँ दर्द छिपाती रहतीं, हँसकर सोहर गाती रहतीं
दर्द को जीतीं, दर्द को पीतीं, चोटों को सहलाती रहतीं
जितना कड़वा अनुभव होता, उतना मीठा स्वर होता है
माँ हो तो घर, घर होता है, वरना घर बंजर होता है

*

67.

कहाँ गुम हो गया बचपन

छलकता गागर जैसा मन, भीगते बिन आँसू के नयन
खो गया खेल खिलौने संग, सुहाना वह प्यारा बचपन
कहाँ गुम हो गया बचपन

आकाश के तारों को नित उँगली पर गिनना
तितली के तरह उड़ना फूलों की तरह हँसना
महकता ममता का आँगन, चहकता रहता अल्हड़पन
कहाँ गुम हो गया बचपन

गुड्डे से गुड़िया की सजती थी बारातें
जिन्नों परियों वाली हमजोली सँग बातें
ख़ूब करता था चंचल मन, कहाँ वह खो गया छुटपन
कहाँ गुम हो गया बचपन

गुनगुनी फागुन वाली धूप ठिठुरती जाड़े की रातें
महकते पुरवा के झोंके बरसती रिमझिम बरसातें
मल्हारें गाता वह सावन, कहाँ वो खो गया बचपन
कहाँ गुम हो गया बचपन

*

68.

बाबुल तेरे घर-आँगन की

बाबुल तेरे घर-आँगन की मैं तो सोनचिरैया हूँ
ख़ूब मटकती, ख़ूब थिरकती धिन धिन, ता ता थैया हूँ

नवरात्रि की कंजक-सी मैं माँ दुर्गा का वंदन हूँ
गौरी-लक्ष्मी रूप में आई, अर्चन पूजन चंदन हूँ
घर को वैभव से भर दे जो कामधेनु-सी गैया हूँ
बाबुल तेरे घर-आँगन की मैं तो सोनचिरैया हूँ

बाबुल तेरी आन-बान की पूरी शान रखूँगी मैं
इक दिन आएगा कि दो-दो कुल का मान रखूँगी मैं
सहरा में मैं पानी जैसी धूप में जैसे छैया हूँ
बाबुल तेरे घर-आँगन की मैं तो सोनचिरैया हूँ

मैं हूँ तेरी बहादुर बिटिया संघर्षों की पाली हूँ
वरदानों से पूरित हूँ मैं, घरभर की ख़ुशहाली हूँ
तूफ़ानों से उबरी हूँ मैं, भँवर से निकली नैया हूँ
बाबुल तेरे घर-आँगन की मैं तो सोनचिरैया हूँ

*

69.

जब भी जाना गाँव रे साथी

जब भी जाना गाँव रे साथी लाना थोड़ी छाँव रे साथी
कंक्रीट के जंगल में अब जलने लगे हैं पाँव रे साथी

गुड्डे-गुड़िया खेल खिलौने छुपम-छुपाई वो धप्पा
घूरे, टीले, खाई, पोखर, छाना जो चप्पा-चप्पा
वो कोयल की कुहू कुहू और वो कागा की काँव रे साथी
जब भी जाना गाँव रे साथी, लाना थोड़ी छाँव रे साथी

वो पनघट, पीपल की छैयाँ वो बौराई अमराई
वो सखियों सँग देर-देर तक, हँसी-ठिठोली मस्ताई
जाती नहीं याद से अब तक, वो छुटपन की ठाँव रे साथी
जब भी जाना गाँव रे साथी, लाना थोड़ी छाँव रे साथी

बैर नहीं था उन गलियों में और न छल था आँगन में
छोटे कच्चे घर थे बेशक़ ख़ूब अमीरी थी मन में
प्रेम के पासों की चौपड़ थी नहीं कपट के दाँव रे साथी
जब भी जाना गाँव रे साथी, लाना थोड़ी छाँव रे साथी

*

70.

ओ रसवंती कैसी हो

ओ रसवंती कैसी हो
क्या पहले ही जैसी हो

मुद्दत बाद मिली हो तुम
खोई-खोई—सी गुम-सुम
अब भी वही अदाएँ हैं
नज़रें कुछ दायें-बाँयें हैं
वही सुरूर वही मस्ती है
एक नशीली मय-सी हो
ओ रसवंती कैसी हो

मन में है कैसी वीरानी
या कोई है नई कहानी
तुम्हें किसी से प्यार हुआ
क्या सपना साकार हुआ
एक पहेली मेरी सहेली
अब भी वैसी की वैसी हो
ओ रसवंती कैसी हो

नैनों में लगे उदासी—सी
सूरत भी लगे रुआँसी—सी
क्या कोई दिल तोड़ गया
तुझे सिसकता छोड़ गया
मेरे लिए अभी रस्सो तुम
एक क़ीमती शै—सी हो
ओ रसवंती कैसी हो

*

71.

जिनकी आँखों में आँसू हैं

जिनकी आँखों में आँसू हैं मन में मीठी आस
उनके दुख जो दूर करूँ फिर ले लूँ अंतिम श्वास

मायूसी जिनके चेहरों पर छाई उन्हें खिला दूँ
बिछड़ गए जो अपनों से हैं फिर से उन्हें मिला दूँ
जो ग़रीब लाचार दबे कुचले समाज में शोषित
जैसे भी हो इस समाज से उनको न्याय दिला दूँ
लगें पराए यहाँ पे जो भी उन्हें बना लूँ ख़ास
उनके दुख जो दूर करूँ फिर ले लूँ अंतिम श्वास

जो लकीर खींची समाज ने कहीं बड़ी या छोटी
कोई भूल से भी ना बोले अपनी क़िस्मत खोटी
हाथों को भी काम मिले और मिले पेट को रोटी
सभी के तन पर कपड़ा हो बाँधे ना फटी लँगोटी
मजबूरी वश कोई व्यक्ति ना करे कभी उपवास
उनके दुख जो दूर करूँ फिर ले लूँ अंतिम श्वास

लाचारी वश भूखा अब ना रोटी को चिल्लाए
भीख माँगता कोई नन्हा बच्चा नज़र ना आए
बिना दवा बीमार कोई भी कहीं न मरने पाए
बिना रजाई फुटपाथों पर कोई न रात बिताए
रोटी कपड़ा और सभी के पास में हो आवास
उनके दुख जो दूर करूँ फिर ले लूँ अंतिम श्वास

72.
हम परिंदे से उन्मुक्त उड़ते रहे

हम परिंदे से उन्मुक्त उड़ते रहे
पंख मोड़े हवाओं में मुड़ते रहे

हम वहाँ थे कभी अब यहाँ आ गए
छोड़ कर वो हसीं आशियाँ आ गए
ये भी अपना है घर हम जहाँ आ गए
दो घड़ी में कहाँ से कहाँ आ गए
कुछ नए मीत भी हम सफ़र हो गए
कुछ तो अपने भी हम से बिछुड़ते रहे
हम परिंदे से उन्मुक्त उड़ते रहे

मन हमारा है काशी के गंगा का तट
चहचहाये भी कादम्बिनी के निकट
पंख फैला के बैठे कभी छाँव में
भूल पाएगा क्या वो कभी वंशी वट
है प्रवासी सरीखा ये जीवन रहा
ख़्वाब बढ़ते रहे पर सिकुड़ते रहे
हम परिंदे से उन्मुक्त उड़ते रहे

लहलहाते हुए ख़ूब गुलशन मिले
फूल उम्मीद के ख़ुशनुमा भी खिले
आँधियाँ और तूफ़ान झेले बहुत
पस्त लेकिन हुए ना कभी हौसले
कितनी किवदंतियाँ और कहानी बनी
हम से लाखों फ़साने यूँ जुड़ते रहे
हम परिंदे से उन्मुक्त उड़ते रहे

*

73.

नदी किनारे वाला गाँव

नदी किनारे वाला गाँव
जहाँ-तहाँ कुछ छोटी नाँव

शहरों का एकाकीपन
जाने कितना खलता है
आँखों में झिलमिल-झिलमिल
सपना कोई पलता है
ढूँढ़ रहे हम सुख की छाँव
नदी किनारे वाला गाँव

दूर-दूर तक हरा-भरा मन
ख़ुशियों से था भरा-भरा मन
जाने कितनी बार सँभलते
पगडंडी पर गिरते पड़ते
फिर भी आज डरे हैं पाँव
नदी किनारे वाला गाँव

*

74.
कलकल नदियाँ बहती है

कलकल नदिया बहती है यह हम से कुछ कहती है

पाना है तुझको यदि मंज़िल
मत होना पलभर को बोझिल
आगे बढ़ते रहना पथ पर
साथ निभाएँगे ये साहिल
हौसला लक्ष्य को पाना हो, हर बाधा स्वयं ही ढहती है
कलकल नदिया बहती है, यह हम से कुछ कहती है

हिम्मत रख सदा रवानी रख
दिल में पुरजोश जवानी रख
चलना ही नाम है जीवन का
जीने की ललक सयानी रख
वो उतनी खरी निखरती है जो जितनी आग में दहती है
कलकल नदिया बहती है यह हम से कुछ कहती है

कितनी पथरीली हों राहें
आगे नित बढ़ने की चाहें
काँटे कितने चुभें पाँव में
होठों पर हों कभी न आहें
सागर से तब मिल पाती है जब ये हँस कर दुख सहती
कलकल नदिया बहती है यह हम से कुछ कहती है

*

75.

सागर कितना भी खारा है

सागर कितना भी खारा है, फिर भी नदियों का प्यारा है
इसमें ही जाकर तो मिलती, हर एक नदी की धारा है

ऊँचे पर्वत से लेकर जल
घाटी-घाटी जंगल-जंगल
मैदानों और गुफाओं में
सैकड़ों मील चलती पैदल
अपने प्रीतम से मिलने को, करती हर कष्ट गवारा है
सागर कितना भी खारा है, फिर भी नदियों का प्यारा है

मिलकर उसमें ही खो जाती
उसकी आगोश में सो जाती
अपना अस्तित्व मिटा करके
उसकी ही सदा की हो जाती
उसको ही समर्पित कर देती, अपना यह जीवन सारा है
सागर कितना भी खारा है, फिर भी नदियों का प्यारा है

सागर का मन भी है विशाल
हर नदी का रखता है ख़याल
अतुलित अपना देकर के प्यार
सबको कर देता है निहाल
बस इसी लिए नदियों ने भी, उसपर तन-मन सब वारा है
सागर कितना भी खारा है फिर भी नदियों का प्यारा है

*

76.

प्रेम डगर आसान नहीं है, इसमें फिसलन ज़्यादा है

प्रेम डगर आसान नहीं है, इसमें फिसलन ज़्यादा है।
प्रेम भाँग-सा एक नशा है, इसमें मचलन ज़्यादा है ...

सर पर होता जब सवार ये
छाता है बनकर जादू
ना दिल पर और ना दिमाग़ पर
रहता है कोई काबू
शमा पे मरते परवानों का, प्रेम में प्रचलन ज़्यादा है ...

प्रेम रूह का रिश्ता है तो
ये जिस्मानी बंधन भी
कुछ को लगे वासना केवल
कुछ को ये रस-चुम्बन भी
प्रेम में ख़ूब मज़ा है माना, लेकिन विचलन ज़्यादा है ...

प्रेम में पड़ कर, देखा हमने,
पत्थर तलक पसीजे हैं
बिरहा की अगनी में झुलसे
डबडब नैना भीजे हैं
प्रेम की हर भित्ति में देखा गीलन-सीलन ज़्यादा है ...

*

77.

ये दुनिया है गोलमटोल

अक्कड़-बक्कड़ बम्बे बोल, ये दुनिया है गोलमटोल
ना मानो तो पढ़ कर देखो जीवन का भूगोल

जहाँ से जो चलता है वह सारा जीवन रहता चलता
उसी बिंदु पर फिर से आकर किसी रोज़ है वह मिलता
दिया निदेशक ने जिसको जो, करे वही वह रोल
अक्कड़-बक्कड़ बम्बे बोल, ये दुनिया है गोलमटोल

जल, थल, नभ, पर्वत, घाटी ये सूरज-चाँद-सितारे
ध्यान से देखो अगर, मिलेंगे वृत्ताकार ये सारे
इक दूजे के इर्द-गिर्द यह, रहे सभी हैं डोल
अक्कड़-बक्कड़ बमबे बोल, ये दुनिया है गोलमटोल

ये ऊँचा है वो नीचा है कोई बड़ा या छोटा
यह लंबा है वह नाटा है ये दुबला वो मोटा
काले-गोरे की खुल जाती, इक दिन सारी पोल
अक्कड़-बक्कड़ बम्बे बोल, ये दुनिया है गोलमटोल

ये दुनिया सराय जैसी है हम सब हैं बंजारे
निर्धन या धनवान सभी उसके बंदे हैं सारे
उसकी छाया दिखेगी सब में, मन की आँखें खोल
अक्कड़-बक्कड़ बम्बे बोल, ये दुनिया है गोलमटोल

*

78.

आओ मन का दीप जलाएँ

आओ मन का दीप जलाएँ
विकट अंधेरा दूर भगाएँ...
लौ से लौ को जोड़ें आओ
भ्रम आपस के तोड़ें आओ
वैरभाव में क्या रक्खा है
राह नफ़रती छोड़ें आओ
प्रेम-प्यार के नग़मे गाएँ ...
आओ मन का दीप जलाएँ
विकट अंधेरा दूर भगाएँ ...

देखो फैला घोर तमस है
लंबी रात, सुबह बेबस है
चाँद-सितारे गुम हैं सारे
ख़ाली सूरज का तरकस है
मिल सब दीपक-राग गुँजाएँ ...
आओ मन का दीप जलाएँ
विकट अंधेरा दूर भगाएँ ...

काटों का जंगल है सारा
दसों दिशा है तम की कारा
भटकी तितली राह न भटके
बन जाएँ आओ ध्रुवतारा
या फिर जुगनू ही बन जाएँ ...
आओ मन का दीप जलाएँ
विकट अंधेरा दूर भगाएँ ...

*

79.
बाहर कोलाहल है

बाहर कोलाहल है लेकिन भीतर इक सन्नाटा है।
ऊपर लहरें शांत बहुत हैं अंदर ज्वार व भाटा है ॥

गला घोंटना ठीक नही होता मन के अरमानों का।
बहुत जरूरी लगे छलकना आँखों के पैमानों का।
गम के सागर में यादों की उठना लहर ज़रूरी है,
बहुत शांत रहना ख़तरा होता भारी तूफ़ानों का।
साथ हवाओं के लहरों ने प्यार के मोती बाँटा है।
बाहर कोलाहल है लेकिन भीतर इक सन्नाटा है...

भाग रहे हैं सब अपनी अपनी ही परछाई के पीछे।
टूटे दिल का इक नगमा भी है शहनाई के पीछे।
आकर्षण अनदेखा सा है इस रुसवाई के पीछे।
ख़ुश्बू दिल फरेब है बेशक इस पुरवाई के पीछे।
कौन बावला सोच रहा सौदे में लाभ या घाटा है ॥

बाहर कोलाहल है लेकिन भीतर इक सन्नाटा है...
वैष्णो जन तो तेने कहिए जो पीर पराई जाने रे ।
सब जाने है सत्य किंतु फिर भी कोई ना माने रे।
भीड़ भरी आपा धापी में वक्त कहां है दुनिया को,
खुद में ही खुदको खोजे तो खुदको भी पहचाने रे।।
उहापोह मन के अंदर है तन पर सैर सपाटा ।।
बाहर है कोलाहल लेकिन भीतर इक सन्नाटा...

*

80.

लगी हवा पश्चिम की जबसे

लगी हवा पश्चिम की जबसे भूल रहे पुरवइया को
जाने किसकी नज़र लग गई अपनी सोन चिरइया को

कोसों दूर समर्पण से हम बड़ों का आदर भूल रहे
कबीरा ने हो चादर सौंपी झीनी चादर भूल रहे
गढ़े जा रहे महल-अटारी छोड़ के प्रीत मड़इया को
जाने किसकी नज़र लग गई अपनी सोन चिरइया को

आँगन में चिड़ियों को बोली समझ न आए कहाँ गई
ख़ुशबू लूट ले गया कोई वह अरुनाई कहाँ गई
गाँव खेत खलिहान बग़ीचा भूले ताल-तलइया को
जाने किसकी नज़र लग गई अपनी सोन चिरइया को

जन-गण-मन हिंदी की जय बस नारों में रह जाती है
पर भाषा के महा ज्वार में हिंदी क्यों बह जाती है
भाषा रिश्तों में खोजा है हमने आज रुपइया को
जाने किसकी नज़र लग गई अपनी सोन चिरइया को

*

81.

सच की बोली बोल चिरईया

सच की बोली बोल चिरईया सच का दाना पानी ले
लेना है तो मिल कबीर से और कबीर की बानी ले

ब्रज में राधा बन कर आई बनी रसोई सीता की
युद्ध भूमि में तुम्हीं बनी थी पहली पंक्ति गीता की
उड़ने की वो कला तुम्हारी अब तो तेज रवानी ले
सच की बोली बोल चिरईया सच का दाना पानी ले

आसमान में अगर उड़ोगी ख़तरे वहाँ मिलेंगे ही
बाज़ पैतरे भर-भर कर तुमको रोज़ छलेंगे ही
अगर लड़ाई लड़नी है तो, मत पंखों में पानी ले
सच की बोली बोल चिरईया सच का दाना पानी ले

कई शिकारी आ कर तुमको लेंगे रोज़ निशाने पर
और साँप भी चढ़ जाएँगे जा कर तेरे ठिकाने पर
जंगल के अँधियारे से तू उजली एक कहानी ले
सच की बोली बोल चिरईया सच का दाना पानी ले

*

82.

वसुधा का श्रृंगार बने हैं

वसुधा का श्रृंगार बने हैं वन ये हरे सघन
चहूँ और मकरंद-गंध है झूमे मस्त पवन

कुहू कुहू कोकिला पुकारे बौराए अमिया
बेला मादक वनकन्या-सी झूमे बन छमिया
रिमझिम बूँदें बरसाता हर्षाता नील गगन
वसुधा का श्रृंगार बने हैं वन ये हरे सघन

कालिदास के प्रकृति-छंद-सा पत्ता-पत्ता है
चप्पे-चप्पे पर लगता रति-पति की सत्ता है
कुदरत जब मदमाती है तो खिल-खिल जाता मन
वसुधा का श्रृंगार बने हैं वन ये हरे सघन

वन संरक्षित हों अपने ये फलें और फूलें
वन के हर प्राणी के सपने मन ही मन झूलें
कवच बनें हम रहे सुरक्षित हर सुंदर कानन
वसुधा का श्रृंगार बने हैं वन ये हरे सघन

*

83.

हम भारत के वासी

नदियाँ झीलें झरने सागर पर्वत को पूजा जाता है।
सूरज को अर्घ चढ़ाते हैं चंदा मामा कहलाता है।
हैं कण कण में भगवान बसे पर सबका एक विधाता है।
हम भारत के वासी अपना पूरे जग से नाता है।

हर जीव जन्तु से प्रेम भाव।
सम्पूर्ण पृकति से है लगाव।
निश्छल हो मिलते है मन में
हम कभी नहीं रखते दुराव।
इस धरती का बच्चा बच्चा
वसुधैव कुटुम्बकम् गाता है।
हम भारत के वासी।

दुर्बल को नहीं सताते हैं।
गिरते को सदा उठाते हैं।
ये रीति पुरानी है अपनी।
दुश्मन को गले लगाते हैं।

उसपर हम जान लुटाते हैं
जो मित्र मेरा बन जाता है
हम भारत के वासी।

हैं वर्ग प्रान्त तो भिन्न भिन्न
है धर्म जातियाँ भी अनेक
भाषा बोली में है अन्तर है
लेकिन इतना रखते विवेक
हम सब इसके ही बेटे हैं
जननी ये भारत माता है
हम भारत के वासी।

हम सत्य अहिंसा अनुयायी
दुनिया को प्रीति है सिखलाई
जब आ़ंच स्मिता पर आई
वीरता युद्ध में दिखलाई
दुश्मन के जबड़े फाड़ दिए
इतिहास यही बतलाता है
हम भारत के वासी हैं
सम्पूर्ण विश्व से नाता है।

*

84.

जवानी गई तो कहानी गई

जीवन की गति नहीं बदलती, बदला करतीं भंगिमाएं
चलती हैं सागर का रुख कर छोटी-छोटी नव-सरिताएं

सूरज रोज़ निकलता छिपता, तारे रोज़ चमकते आये
ग्रह नक्षत्र सभी संयम से अपनी गति से चलते आये
सृष्टि जानती है शाश्वत रहने की अपनी मर्यादाएं

हम जैसे हैं, हम जो भी हैं, इस पर गर्व करें हम दिल से
आडम्बर से, नकलीपन से, क्या होगा ऐसे हासिल से
दर्पण तो सच ही बोलेगा, लाख भले ख़ुद को भरमाएं

नदी ने अपने तटों को तोड़ा तो इक आफ़त बनेगी वो
इंसानियत को बिसराया तो हैवानियत जनेगी वो
नियमों के बंधन में रहना, हित में है सबको समझाएं

*

85.

हाय जब से जवानी गई

हाय जब से जवानी गई, भूली बिसरी कहानी गई
आ गई दिल में संजीदगी, भूल सब लंतरानी गई

कोई अच्छा भला या बुरा
सुर का सम्राट या बेसुरा
संत सूफ़ी भिखारी कोई
जादूगर या मदारी कोई
सबकी ही हुक्मरानी गई
हाय जब से जवानी गई, भूली-बिसरी कहानी गई

स्वप्न में हीर-राँझा नहीं
शीरीं-फ़रहाद भाते नहीं
सोहनी-महवाल को छोड़िए
लैला-मजनूं सुहाते नहीं
दिल की लुट राजधानी गई
हाय जब से जवानी गई, भूली बिसरी कहानी गई

आई लव यू न कहती ज़ुबां
अब तो काबू में रहती ज़ुबां
प्रेम के गीत गाता न मन
अच्छे लगने लगे हैं भजन
छूट आदत पुरानी गई
हाय जब से जवानी गई, भूली बिसरी कहानी गई

86.

ज़िन्दगी तो किसी की सरल ना हुई

ज़िन्दगी तो किसी की सरल ना हुई
ये है ऐसी पहेली जो हल ना हुई

उम्र धीरे से देखो सरक जाती है
पँखुड़ी-पँखुड़ी ये तो झर जाती है
जो सलीक़े से जियो सँभल जाती है
जो भटक जाओ तो ये बिखर जाती है
कुछ तो लेकिन हमेशा लगा ही रहा
लहलहा के कोई भी फसल ना हुई

इस जहाँ को तो हम प्यार देते रहे
अपनी नैया को धीरे से खेते रहे
थोड़ा हँसते रहें थोड़ा रोते रहे
फूल ख़ुशियों के ही हम तो बोते रहे
दुःख से मेरे दुखी तो बहुत कम दिखे
आँख तो हर किसी की सजल ना हुई

दर्द में मुस्कुराना जिसे आ गया
अपने आँसू छुपाना जिसे आ गया
दिल से रिश्ते निभाना जिसे आ गया
बीती बातें भुलाना जिसे आ गया
कोशिशें, कोशिशें, कोशिशें, कोशिशें
सुख की कविता तो पूरी असल ना हुई

*

87.

पूजा के हम फूल

पूजा के हम फूल किन्तु है प्रभु चरणों से दूर
तोरण द्वारों पर ही अक्सर लटकाये जाते हैं
हम जनता हैं इधर उधर भरमाये जाते हैं

वो मंचों पर सदा चढ़े रहते हर उत्सव में
हम मंचों से दूर खड़े रहते हर उत्सव में
हम संस्कृति के नाम पे बस नचवाये जाते हैं
हम जनता हैं...

ठिठुरें तपैं खड़े भीगें बरखा के पानी में।
माला लेकर खड़े रहें उनकी अगवानी में।
हमसे जयकारे नारे लगवाये जाते हैं।
हम जनता हैं...

हम हैं भीड़ का हिस्सा केवल कर लेते दीदार कभी
सारा माल हड़प जाते वो लेते नहीं डकार कभी
हम केवल वादों पर ही बहलाये जाते हैं
हम जनता हैं...

*

88.

सीधे-सादे बंदे हम

सीधे-सादे बंदे हम,
मक्कारी हमें न भाए ;
हम तो हैं रूहानी,
दुनियादारी हमें न भाए ...
यार के रँग में रँगकर बाना
इश्क़ गली में घूमें,
प्रेम की वीणा थाम के हम तो
मीरा जैसा झूमें,
बाँधे प्रेम के घुँघरू
महल-अटारी हमें न भाए ...
हम तो हैं रूहानी,
दुनियादारी हमें न भाए ...
हम संतोषी-धन के मालिक
अलमस्ती में रहते,
सच का इकतारा थामे हम
अन्तर्मन की कहते,
देख ज़माने तेरी
तेरी मारामारी हमें न भाए ...
हम तो हैं रूहानी,
दुनियादारी हमें न भाए ...

जो लगता है, वो कहते हैं
उस पर ही चलते हैं,
फ़ौलादी हैं, पर मन हो तो
मोम-सा भी गलते हैं,
मन की मन में रखें न हम
लाचारी हमें न भाए ...
हम तो हैं रूहानी,
दुनियादारी हमें न भाए ...

*

89.

मैं नए दौर की नारी हूँ

मैं नए दौर की नारी हूँ मैं नए दौर की नारी

चाहे कितनी बाधाएँ हों मैं हार नहीं मानूँगी
संघर्ष ही अब पथ है मेरा इस पथ बढ़ना ठानूँगी
मंज़िल को अब पाना ही है कितनी हो राह दुधारी
मैं नए दौर की नारी हूँ मैं नए दौर की नारी

सदियों-सदियों शोषण भोगा तब शान बनाई अपनी
जौहर के शोलों में झुलसी तब आन बचाई अपनी
सीता से ले पद्मिनी तलक झेले हैं संकट भारी
मैं नए दौर की नारी हूँ मैं नए दौर की नारी

अब कोई जगह नहीं ऐसी मैं जहाँ नहीं हूँ आगे
बाहर-भीतर से जागी तब ही भाग ये मेरे जागे
इतिहास नया लिखना है अब ये जंग रखूँगी जारी
मैं नए दौर की नारी हूँ मैं नए दौर की नारी

*

90.

मैं हूँ साँवरी सुकुमारी

मैं हूँ साँवरी सुकुमारी
सुन्दर सुघर सलोनी प्यारी
सबसे जुदा अदा है न्यारी
मोहे मुझपे दुनिया सारी

साँवली रंगत में होता अद्भुत भोला आकर्षण
जब-जब करे सिंगार निहारे स्वयम् रूप को दर्पण
हुस्न को इसके जो देखे वो हो जाये बलिहारी
मैं हूँ साँवरी सुकुमारी

साँवरी सूरत मोहनी मूरत दुनिया कहती आई
मोह-पाश में बँधकर इसके सबकी मति बौराई
जिस पर इसका नशा चढ़े फिर उतरे नहीं खुमारी
मैं हूँ साँवरी सुकुमारी

तिरछी चितवन नैन नशीले कजरारे मतवारे
मदमाती ये मस्त जवानी देख सभी दिल हारे
सूरत सीरत सुघर साँवरी हर गोरी पर भारी
मैं हूँ साँवरी सुकुमारी

*

91.

जादूगरनी हूँ मैं

जादूगरनी हूँ मैं जादू टोना कर दूँगी
आसमान के सूरज को भी बौना कर दूँगी
मंत्र भरे उच्चारण दूँगी
तंत्र भरे विचारण दूँगी
रेत धूल कंकड़ पत्थर
सब सोना कर दूंगी

जब चाहूँ मुठ्ठी में धर लूँ
तुझको एक झोले में भर लूँ
कठपुतली सा नाचोगे
खिलौना कर दूँगी॥
जादूगरनी हूँ मैं जादू......

एक साथ कई रूप लिए
अगल बगल आ जाऊँगी
सम्मोहित कर बाँध नयन
बदली बन छा जाऊँगी
धरती के विस्तार को भी
कोना कर दूँगी।
जादूगरनी हूँ मैं जादू......

***